Le Rêve de ma mère

Anny Duperey

Le Rêve de ma mère

Récit

Éditions du Seuil
25, bd Romain-Rolland, Paris XIVe

ISBN 978-2-02-137150-5

www.seuil.com

Funambule

J'ai l'impression d'avoir fort peu mené ma vie. Je veux dire par là que je n'ai pas véritablement choisi les chemins que j'ai empruntés.

Je connais des gens, qui, à l'inverse, ont vraiment voulu ce qu'ils sont devenus. Métier, carrière, choix d'une vie différente de celle qui leur était destinée ou paraissait tracée d'avance, ils ont poursuivi un but – certains même dès leur prime enfance – avec obstination, pour atteindre cette vision personnelle qu'ils avaient de leur avenir. Ce n'est pas mon cas.

Je ne veux pas dire que j'ai été totalement le jouet du hasard, faible chose ballottée de-ci de-là par les événements. Non. Il y eut des choix, bien sûr, car un solide instinct me guidait, me poussait à prendre telle décision, accepter un projet ou écarter tel autre – et encore le mot « écarter » est-il trop volontariste pour le fonctionnement personnel que je tente d'éclaircir. Il serait plus juste d'écrire que je « m'en écartais », que j'évitais, je contournais, tout à fait comme une bête qui renifle une nourriture qui ne lui conviendra pas et s'en va sans y toucher.

Ce même sûr instinct, aussi, me poussa vers des êtres, des entreprises artistiques qui m'ont formée, nourrie, enthousiasmée. Vers ceux-là, je suis allée sans hésitation ni réticence aucune, d'un seul mouvement. Et je ne l'ai jamais regretté.

Mais peut-on parler de choix ? Aucune spéculation morale, intellectuelle, aucune ambition non plus ne me poussaient dans tel sens ou tel autre. Je faisais ce que je « sentais » – nous en revenons à l'animal !

J'atteins l'âge où l'on commence – un peu – à regarder en arrière pour tenter de comprendre le chemin qui vous a amené jusqu'ici. Et je m'étonne…

Je m'étonne, oui, de n'avoir eu, ni toute jeune ni plus tard, aucune projection de moi-même dans l'avenir, aucun devenir idéal à atteindre. Et pourtant, dans ce manque de réelle volonté, d'ambition, cette absence de rêve, même, je reconnais une cohérence qui a abouti à ce que je suis. Je ne renie rien de ce que j'ai fait, vécu, entrepris… ou fui. Même si je n'ai rien vraiment voulu ni choisi au départ, c'est moi. C'est mon chemin, à ma manière – même si je reconnais que cette manière de mener assez sûrement sa vie sans la mener est assez étrange !

Elle a ses avantages, en tout cas. Voilà belle lurette que j'ai compris que n'avoir aucun grand rêve à atteindre épargnait bien des déceptions.

En outre, à défaut d'avoir de l'ambition, j'avais de la moralité. Quitte à faire quelque chose, il fallait le faire, sincèrement, et avec de la joie. Tout rapport de force ou d'agressivité me mettait plongeait dans un profond malaise. Si difficulté il y avait à résoudre, il fallait m'en sortir au mieux et le plus pacifiquement possible. Car j'étais « bonne fille ». Je ne voulais pas qu'on me fasse du mal, et je ne voulais en faire à personne. En général, je ne voulais que du bien aux gens.

Car il est un autre formidable avantage du manque d'ambition, c'est l'absence totale de jalousie envers autrui ! Évidemment, ne convoitant aucune position sociale, matérielle – ou vedettariat quelconque – que j'aurais rêvé d'atteindre, je n'enviais personne. Je dois dire que c'est moralement plutôt confortable…

Le drame qui a marqué mon enfance, et auquel je survécus, n'est sans doute pas pour rien dans cette manière d'être. J'ai raconté cet événement dans *Le Voile noir*, et il ne s'agit pas, dans ce livre-ci, de ressasser et répéter ce que j'ai déjà livré. Mais je me dois de rappeler cet événement et mes réactions – ou non-réactions apparentes – car je les crois toujours, bien des années plus tard, fondatrices.

Mes parents étaient morts tous les deux, un dimanche matin, et j'aurais dû, logiquement, mourir asphyxiée avec eux, par le monoxyde de carbone dégagé par le chauffe-eau dans cette petite salle de bains sans aération, puisqu'ils m'y appelaient pour faire aussi ma toilette. Mais je restai au lit – paresseusement, ai-je pensé longtemps – et je survécus, les trouvant inanimés lorsque je me réveillai. J'allais sur mes neuf ans.

Ensuite, une sourde culpabilité me fit douter du droit d'être sur terre sans eux, d'une manière sensible jusqu'à mes treize ans, environ – et sans doute aussi plus tard, de façon plus floue. Mais à cet âge, après qu'une sorte de suicide manqué m'eut prouvé qu'on ne voulait pas de moi «là-haut», restait à me résoudre à m'occuper du mieux que je pouvais «ici-bas». Pourtant, l'assurance, voire l'arrogance de ceux qui sont assurés de leur légitimité de vivants et revendiquent fortement leur place sur terre me manquait. Vivante, certes, puisqu'il le fallait, et même douée d'une belle force de vie, mais à la manière flottante d'une jeune somnambule, mal réveillée de la catastrophe de ce matin-là, avec en filigrane sur toutes choses – même sur mes jeux – l'image de mes parents inanimés par terre.

J'ai pris conscience bien longtemps après – peu avant que ne débute l'écriture du *Voile noir*, me semble-t-il – de l'omniprésence de cette image. Phénomène difficile à décrire, que connaissent sans doute tous les traumatisés par le spectacle d'une mort brutale ou d'une situation d'horreur qui a marqué leur vie à jamais. On s'y habitue, on ne s'en rend même plus compte, c'est léger, transparent. Passé les premiers temps du choc, on peut très bien vivre avec, rire, aller de l'avant, avoir l'impression d'être de plain-pied avec les autres, de partager leurs projets aussi simplement qu'eux. Puis, au détour d'un battement de cils, d'un silence, c'est là… Ce léger voile qui vous met à distance, subtil rempart inconscient qui vous empêche d'être innocemment participant. L'indécrottable petite solitude de celui – ou de celle – qui a « vu cela ».

Là aussi, ce phénomène qui pourrait sembler un handicap pour vivre peut se révéler un avantage et une source d'allègement en certaines occasions. Les soucis ou emmerdements divers qui peuvent empoisonner la vie – la mienne et celle des autres – sont automatiquement soumis à la mesure étalon du pire. Il m'est quelquefois arrivé de voir une de mes connaissances s'exclamer devant moi, avec une mine dramatiquement catastrophée :

– C'est terrible ! Tu ne sais pas ce qui est arrivé à Untel ?

Moi, immédiatement :

– Il est mort ?

Stupéfaction en face :

– Mais non, voyons, non… Pourquoi tu dis ça ?

Alors on me rapporte des histoires de dégâts des eaux, de patte cassée, de projets qui échouent, voire d'épouses ou de maris infidèles… De gros embêtements, certes, mais qui n'ont rien à voir avec l'irrémédiable. Cette « mesure étalon du pire » m'a souvent aidée, et compte pour beaucoup dans cette relative sérénité qu'on m'accorde face aux fameux emmerdements. Certains s'en sont même parfois offusqués : « On dirait que tu t'en fous… » Difficile d'expliquer que cette réaction n'a rien à voir avec l'indifférence.

J'allais, donc, j'avançais, relativement légère, là où me portaient mon goût, les rencontres, mes dons, habile à éviter les conflits, les rapports de force, fuyant toute personne qui ne me semblait pas « bonne », avec de grands élans de confiance envers des entreprises ou des êtres qui me semblaient positifs. Curieux équilibre que ce mélange d'incertitude totale et de sûreté de soi qui me guidait…

À l'orée du travail sur mon livre *Le Voile noir*, vers mes quarante ans, me vint une image assez précise – et juste, je pense – de ce que j'étais durant mes jeunes années, jusqu'à la trentaine, environ : UNE FUNAMBULE AU-DESSUS D'UN LAC NOIR.

Aucune question, aucun doute ne doit troubler la marche du funambule. Il va, simplement, un pas devant l'autre sur la corde raide, avec la maîtrise de son équilibre pour toute certitude, sans hâte. Il a l'air de flotter, sûr de lui, de se jouer du vide et du danger.

Il fut salvateur, sans doute, que m'apparaisse un jour avec évidence que je ne pourrais indéfiniment continuer à faire la funambule, en ignorant les régions sombres que je dominais aussi royalement. Il y aurait un faux pas. Je glisserais un jour. Après une nouvelle épreuve, ou peut-être simplement par inadvertance. À un moment d'inattention de mon être profond, je perdrais mon équilibre miraculeux, je tomberais dans le lac noir…

Le « lac noir », c'est la dépression, dont furent victimes nombre de personnes ayant elles aussi mal cicatrisé une blessure d'enfance. Les ombres qu'on a cru apprivoiser, ou ignorer, voire dominer, vous rattrapent, vous aspirent, parfois à un âge avancé, quels que soient les accomplissements, les succès. Comment être certain d'échapper à ce danger, de déjouer les pièges d'un inconscient qui peut devenir dévastateur ? On ne peut être assuré de se trouver à l'abri de ce risque, si fort qu'on le souhaite et si certain que l'on soit de sa santé mentale et de son équilibre – il est nombre d'exemples célèbres : Romain Gary, William Styron, entre autres, pour ce qui est des écrivains, sans parler de Bruno Bettelheim…

À propos – et sans, évidemment, songer une seconde à me comparer aux géants que je viens de citer ! –, avant d'évoquer ce que je n'ai aucunement maîtrisé dans mon parcours, j'ai envie de parler un peu de cette partie importante de ma vie, cette ligne suivie, avec certes des intermittences mais aussi une curieuse et fidèle obstination, ce cheminement qui ne tient nullement au hasard : l'écriture.

S'écrire

Dès mes onze ou douze ans, environ, je sais que l'écriture fut pour moi une saine pratique. Le simple geste de tracer des mots sur le papier me procurait un apaisement.

Les professeurs qui m'ordonnaient parfois, en représailles de ma mauvaise conduite, de copier 150 fois « Je ne serai plus jamais distraite en classe » (ce genre de chose se faisait encore à l'époque !) ne savaient pas que ce n'était pas pour moi une punition ! Je traçais les mots soigneusement, avec une certaine volupté à bien les dessiner, et le caractère répétitif de ce pensum, loin de me rebuter, avait sur moi un « effet yoga » bienfaisant, entraînait une forme de méditation.

Puis je m'adonnai à un « journal intime » d'adolescence, et je découvris que le geste d'écrire était consolateur (lorsqu'on écrit à la main, bien sûr). La position quasi fœtale qu'il requiert, courbée sur la feuille, me gardait en contact avec une sorte de « fil rouge » intérieur. Écrire me permettait de renouer, en silence, avec ce que j'étais profondément. Je pratiquai longtemps cette salutaire « écriture pour soi », tout en continuant mon parcours de funambule, apparemment légère et détachée. Sans l'écriture, peut-être me serais-je perdue ?

Peu importe ce que j'écrivais dans ces cahiers, à l'époque de ma prime jeunesse. L'important était le soulagement que le geste m'apportait, et

je ne songeais encore nullement à donner une forme aux idées ou sentiments que je notais comme ils venaient – des histoires de jeune fille, d'école, de premières amours, qui n'appellent aucun commentaire.

Sauf en ce qui concerne une page, une seule, qui me stupéfia lorsque je relus ces cahiers d'adolescence, bien des années après…

Quelle conscience profonde avais-je de mon parcours de vie à venir, du chemin intérieur à parcourir, quand j'écrivais à treize ans, dans l'unique page où je parlais de la mort de mes parents : « Il faudra un jour que j'écrive MON LIVRE » ?

En quelques lignes concises, je disais comment je m'accusais de les avoir entendus mourir sans me lever, de m'être rendormie au lieu de les secourir – le ressort de ma culpabilité, exposé en quelques mots, sur cette unique page consacrée à la tragédie. Et cette simple conclusion qu'il faudrait, pour me libérer un jour, que j'écrive MON LIVRE (en majuscules dans le cahier). D'en parler, de me confier à quelqu'un, il n'en était pas question. D'évidence, il s'agissait d'un livre.

Lorsque je découvris cette page, trente ans après l'avoir écrite et juste avant d'attaquer l'écriture du *Voile noir*, je fus ahurie, et, je l'avoue, quasi effrayée d'une telle programmation intérieure de ce qui devait advenir, et sous quelle forme précise. À treize ans…

Après cette page de fulgurance, il n'est plus jamais question de mes parents dans mes écrits.

Quand je quittai Rouen pour entrer au conservatoire d'art dramatique de Paris, à l'aube de mes dix-sept ans, je découvris une autre forme d'écriture, qui n'était plus solitaire, puisque destinée à être lue par quelqu'un – un seul lecteur, certes, ma chère tante, qui m'avait prise chez elle et élevée après la mort de mes parents, mais c'était déjà un pas vers le partage !

Je savais que ma tante aimait ma façon d'écrire. Régulièrement première en français, je prenais grand plaisir à écrire les rédactions que l'on nous donnait à faire comme devoir – pour moi l'un des seuls plaisirs scolaires, avec la gymnastique…

Un jour, lorsque j'étais encore au lycée, je dus être particulièrement brillante dans une description quelconque (honnêtement, je ne sais plus quel était le sujet de cette rédaction), car ma copie me fut rendue après correction avec un zéro, et ce commentaire : « Ce n'est pas bien de copier dans un livre » ! Ce fut animée d'une véritable fureur, que ma tante se précipita au lycée, avec moi et ma copie à sa suite, pour réclamer justice : JAMAIS je n'avais copié dans un livre, elle m'avait VUE l'écrire !

Sur le moment, je ne me souviens pas que l'incident m'ait frappée – un petit malheur scolaire de plus, c'est tout… –, mais si je me le rappelle encore aujourd'hui c'est sans doute qu'il m'a marquée, et, peut-être, *a posteriori*, y ai-je vu une forme de reconnaissance.

Une fois à Paris, et revenant assez rarement le week-end à Rouen, j'écrivis donc de longues lettres à ma tante. Je lui décrivais ce que je faisais (en omettant toutefois mes aventures amoureuses, plutôt débridées à l'époque), les gens que je rencontrais, j'essayais de la faire rire… Je savais qu'elle aimait et attendait mes lettres – cela m'encourageait à pondre ma petite dizaine de pages par semaine.

Puis, vers mes vingt-deux ou vingt-trois ans, ma tante eut le téléphone.

Je ne sais d'ailleurs pas pourquoi elle s'était privée de cet instrument si longtemps. Presque tous les foyers avaient leur ligne téléphonique privée, dans les années 1970. Il n'y avait guère qu'elle pour devoir se précipiter à la poste lorsqu'elle avait un coup de fil urgent à donner ! Ma tante s'étant donc nantie de cet appareil, nous nous parlions au téléphone, et je lui racontais en cinq minutes ce que je lui écrivais en dix pages…

J'avais perdu MON lecteur. Mon besoin d'écrire me restait sur les bras – qu'en faire ? Je ne tenais plus de « journal intime ». Écrire juste pour soi était devenu insatisfaisant, après le partage épistolaire. Je pensai alors à écrire une histoire.

Comme j'étais comédienne, il me sembla logique d'écrire un scénario – avec un rôle principal pour moi, évidemment. Mais après quelques mois de travail, je relus le résultat, absolument catastrophée : cette structure narrative sèche, descriptive, n'exprimait rien de ce que je souhaitais raconter, car m'intéressait uniquement « ce qui ne se voyait pas, et ce qui ne se disait pas » – embêtant, pour un film !

Je pensai : « Il faudrait des sous-titres tout le temps… » Et, à bout de frustration, je me mis à écrire, en suivant le plan que j'avais échafaudé, les fameux « sous-titres », c'est-à-dire l'histoire que j'avais vraiment envie de raconter.

À mi-parcours de la rédaction, je rencontrai fortuitement un auteur duquel j'avais lu deux livres et que je connaissais également comme critique dramatique, François-Régis Bastide. Placée à côté de lui, je lui confiai que j'écrivais quelque chose, mais que je ne savais pas ce que c'était. Et j'ajoutai :

– Je ne sais même pas si je vais finir.

Il me considéra un instant et dit :

– Vous avez combien de pages ?

– À peu près cent…

– Alors vous allez finir, parce qu'à cent, on termine toujours.

Un éblouissement ! Cette affirmation péremptoire me ravit, c'était exactement l'encouragement dont j'avais besoin.

Puis il ajouta :

– Puisqu'il se trouve que je suis aussi éditeur...

– Ah bon ?

– ... apportez-moi ce que vous aurez écrit, et je vous dirai ce que c'est.

Je ne perdis pas, bien sûr, le numéro de téléphone qu'il me donna, et lui portai mon manuscrit terminé, quelques mois plus tard. Après lecture, il me donna rendez-vous aux Éditions du Seuil, et le verdict tomba :

– Je vais donc vous dire ce que c'est : un roman. Et je vous le prends !

C'est ainsi que mon premier livre, *L'Admiroir*, fut publié dans cette belle maison d'édition. Et ce roman eut le bonheur d'être couronné par un des prix de l'Académie française. Fin de la petite histoire de mon entrée officielle en littérature, qui pourrait presque s'apparenter à un conte de fées !

Mais l'autre histoire de ce premier roman, c'est son sujet étrange, et le rapport que j'eus, moi qui l'écrivais, avec les personnages que j'avais inventés... J'avoue ne pas avoir compris ce qui se passait en moi à l'époque. Je ne l'ai véritablement décrypté qu'après.

J'avais deux personnages principaux : une jeune femme libre, forte, inaccessible à la faiblesse, sans questionnement existentiel (le rôle que je pensais m'attribuer dans la triste forme scénaristique de départ) et une jeune sœur névrosée, malade d'angoisse (ayant peu de ressemblance avec ma véritable sœur), que j'avais nommée au départ : « le Double ». Après, au développement du sujet, il fallut bien que je donne un nom autre à ce personnage noir, mais le projet initial était donc bien de décrire le parcours d'une femme et de son double – le « double » étant la part cachée et reniée d'elle-même.

Au milieu de la rédaction du roman, je me pris d'une violente aversion pour mon personnage principal. Cette grande, forte, belle jeune femme que rien n'atteignait – et qui ressemblait énormément à ce que j'étais encore à ce moment de ma vie –, je me mis à la détester ! Je ne me réconciliais avec elle qu'à la dernière page, lorsqu'elle se regardait dans le miroir après la mort du petit personnage noir, et qu'elle reconnaissait soudain, dans ses propres yeux, l'angoisse, la part sombre d'elle-même qu'elle avait tant rejetée…

Cela me semble à présent, et résumé ainsi, extraordinairement schématique, presque enfantin. Pourtant, accomplir une importante mutation de soi-même en écrivant est un grand mystère. On invente une histoire, une situation, des personnages, on ajoute des détails, tout cela étant une parfaite FICTION, et l'on ne se rend pas compte, concentré sur sa tâche pragmatique d'écriture, de mise en forme, quelle part secrète de soi est à l'œuvre et s'exprime à travers ce travail.

C'est pourquoi je pense à présent que les écrits très personnels, où l'auteur semble se livrer intimement, comporte beaucoup moins de risque de se découvrir – dans les deux sens du verbe : se découvrir aux yeux des autres, et se découvrir soi-même. C'est une entreprise très balisée, en quelque sorte. On maîtrise fort bien, dans une autobiographie, ce que l'on a envie de livrer, ou pas, et où la confidence s'arrête.

Il en va tout autrement avec la fiction, le roman. Qui sait ce qui vous échappe, malgré vous, caché au fond de vous, et que vous ignorez peut-être encore, sous couvert d'imagination ?

De fait, le roman étant écrit, et publié, la funambule que j'étais commença à descendre sur terre…

Jusque-là, j'avais collectionné beaucoup d'aventures amoureuses sans lendemain, sauté légèrement de pièce de théâtre en film, vécu en meublé sans RIEN posséder, de peur de m'attacher, fût-ce à un meuble ou à un vase. Je changeai. J'acceptai de m'alourdir d'amitiés plus pérennes, d'un chat à soigner, petite vie dont j'étais responsable, d'un lieu à moi, où commencer une vie de femme – en somme, j'envisageai enfin la possibilité de m'attacher, de construire, avec le risque inhérent qu'il comporte : la peur de perdre…

C'est alors que me vint l'idée d'un second livre. De nouveau un roman, une pure fiction, certes, mais dont le sujet se révélera encore moins innocent que le premier !

Le Nez de Mazarin était l'histoire d'une femme qui, rongée par la culpabilité, sombrait dans une profonde dépression, dépression qui aboutissait, en l'espace d'un an environ, au meurtre de son mari et à son autocondamnation au silence à perpétuité, pour n'avoir jamais osé DIRE ce qui la taraudait.

Amusant, n'est-ce pas ?

Cette fois, aucune ressemblance avec moi, même physique. Et comme il est plus plaisant de créer un personnage en se figurant à quoi il ressemble, j'avais choisi, pour soutenir mon imagination, un type de femme très éloigné du mien (en l'occurrence, j'avais pris pour modèle ma blonde et charmante amie Marie Dubois).

J'écrivis ce roman pendant à peu près… huit années !

J'avais, durant tout ce temps, une riche vie artistique et sentimentale. Je rencontrai mon compagnon, Bernard, nous créâmes une comédie musicale qui requit deux ans de travail acharné, nous nous échappions, les jours de relâche (un seul lundi par semaine), pour restaurer une petite ferme à trois cent cinquante kilomètres de Paris, nous tournions parallèlement des films, partîmes en tournée, et trouvâmes même le temps de faire un premier enfant…

Pendant toutes ces années, avec souvent des intervalles de plusieurs mois, je continuai la rédaction de ce roman, sans dévier de mon sujet. Obstinément, en sachant précisément, avant même de rouvrir le cahier, à quelle phrase, à quel mot je m'étais arrêtée parfois plus d'un an auparavant, je reprenais l'histoire de cette pauvre femme et la conduisais, palier par palier, inexorablement, jusqu'à la destruction totale de sa vie.

Mon compagnon, connaissant le sujet de ce livre en cours, était profondément choqué que je puisse poursuivre une histoire aussi opposée à ce que nous étions en train de vivre. Tout le positif que nous étions en train de construire n'avait donc aucune influence sur mon écriture ? Il ne pouvait pas comprendre – comprenais-je moi-même ?

Le livre sortit, avec un succès honorable, et je reçus peu après une lettre qui me laissa plus que songeuse… Elle m'a tant frappée que je la sais par cœur :

> Madame,
>
> Je suis psychiatre. J'ai une longue expérience professionnelle et soigné nombre de patients atteints de dépression.
>
> Je n'ai pas noté de « trous » dans votre carrière, ni entendu dire que vous ayez été hospitalisée. Cependant, je vous AFFIRME qu'on ne peut décrire tous les stades d'une grave dépression, de l'intérieur, comme vous l'avez fait, sans l'avoir VÉCU SOI-MÊME.

Alors peut-on, à travers une histoire inventée, « mettre à distance » un danger psychologique ? L'enfermer entre les lignes, les pages ? Exorciser, par l'entremise d'un personnage, la dépression qui vous menace, en la vivant en quelque sorte par procuration ?

Je m'interroge encore…

D'autres mots m'ont frappée, et cette fois ce furent mes propres mots – ceux que je prononçai en réponse à un journaliste qui m'interrogeait sur ce que je pensais écrire après. Je m'entendis dire :

– J'ai mené un personnage au fond du lac. Cela me laisse deux perspectives : soit donner un grand coup de pied et remonter à la surface, soit gratter la vase.

La vase au fond du lac, c'était le « Voile noir », bien sûr, la mort de mes parents. Mais il fallut encore une autre expérience d'écriture pour que j'en prenne conscience…

Cette fois, ce fut bel et bien un scénario, adaptation d'un livre. Bernard souhaitait réaliser un film. Manquait… le sujet ! Son ami le réalisateur José Giovanni, lui aussi grand amoureux de la montagne, nous donna le livre de sa sœur Simone, mariée à l'alpiniste René Desmaison, en nous disant : « Vous pourriez peut-être en faire quelque chose… »

Après lecture, hésitation et relecture, je gardai la ligne de fond du livre, et bâtis le scénario de *La Face de l'ogre* (beau titre, celui du livre, en référence à la face nord du terrible sommet de l'Eiger). Une femme, dans un hôtel de haute montagne fréquenté par les alpinistes, attendait on ne sait quoi, tranquille, calme. Des touristes regardaient à la jumelle un affreux spectacle : le cadavre d'un homme resté pendu au bout de sa corde, après une chute fatale dans la paroi. C'était son mari. Mais elle vivait comme si de rien n'était, car elle n'avait pas regardé dans les jumelles. Elle continuait d'attendre, bien qu'elle sût qu'il était mort… Je développai donc le scénario autour de ce thème : le déni du deuil.

Personne n'étant au courant de mon histoire personnelle, on s'étonnait que je sois si à l'aise avec ce sujet étrange et inquiétant.

Et je m'étonnais aussi, figurez-vous ! Je ne voyais là qu'une intrigue intéressante, chargée de mystère et d'un certain suspense, la chance pour Bernard de faire son premier film, et l'occasion d'un beau rôle pour moi, en compagnie d'excellents amis acteurs – Pierre Vaneck, Catherine Frot, Jacques Denis… *La Face de l'ogre* fut diffusé sur la 2e chaîne.

Je ne compris que tardivement à quel point ce sujet me touchait intimement. Je m'approchais, je m'approchais de ce que j'avais à accomplir...

Mais il fallut encore, pour que je me décide à « gratter la vase », un hasard, une petite pierre sur mon chemin qui me fasse trébucher et tomber là où il fallait, le nez dans ce que je ne voulais toujours pas voir.

Je faisais à l'époque, marchant dans les pas de mon père photographe, beaucoup de photos en noir et blanc – ce n'était déjà pas innocent, je me rapprochais de lui. Je développais moi-même les pellicules, et faisais les tirages sur papier, dans ma salle de bains transformée en laboratoire.

Un jour, mon petit agrandisseur, machine assez simple, se mit brusquement à « perdre le point ». Entre deux tirages, il fallait tout régler de nouveau, et cela prenait beaucoup de temps. Je pensai alors : « Puisque j'aime tant la photo, pourquoi ne pas m'offrir un bel agrandisseur tout neuf ? » Et, dans un second temps, me vint une idée géniale : « Et pourquoi ne pas chercher un agrandisseur multiformats, qui me permettrait de développer enfin les négatifs des photos de mon père, que je n'ai jamais vues ? Mais... de quel format sont-ils, d'ailleurs, ces négatifs ? »

Je fis le geste fatidique. J'ouvris le tiroir de la commode où ils dormaient depuis des années. C'était trop tard. Le chemin vers MON LIVRE, pressenti depuis l'âge de treize ans, était ouvert...

Je n'achetai jamais, bien sûr, le nouvel agrandisseur. Et je garde toujours tendrement, dans un coin de mon grenier, la petite machine qui m'aida à ouvrir le fameux tiroir.

Après le travail de quatre années sur *Le Voile noir*, le partage avec les lecteurs et leurs magnifiques lettres – partage qui me remit à l'écriture pour leur répondre dans un autre livre, *Je vous écris*, alors que je pouvais légitimement me demander si j'écrirais à nouveau, une fois « le livre de ma vie » achevé –, tous les ouvrages qui suivirent furent accomplis, que ce soit romans ou récits personnels, en pleine maîtrise de ce que je souhaitais raconter. Jamais plus – je pense ! – je ne fus menée par cette puissante ligne inconsciente qui s'exprimait à travers mes écrits, révélait un parcours intérieur nécessaire et dont je ne maîtrisais aucunement la signification profonde. La somnambule était bel et bien réveillée...

Une fois pourtant, bien des années plus tard, je fus surprise par ce qui jaillit de moi en toute inconscience. Et cela vaut, peut-être, d'être raconté.

J'entamais la rédaction d'un nouveau roman, *Allons voir plus loin, veux-tu ?* C'était un livre de renaissance. La construction en était assez compliquée, car il narrait l'histoire de quatre personnages, très différents, d'horizons divers, qui avaient à sortir d'une impasse dans laquelle ils s'enlisaient – et tous, par leurs décisions, leur libération, interféraient dans le parcours des uns et des autres. Je mis trois années à écrire ce roman-là.

L'un des personnages était un paysan, Paul, et l'unique issue qu'il trouvait à son mal-être était la mort – qui est une forme de libération définitive. Son histoire était inspirée très librement d'un fait divers qui m'avait frappée, car il se produisit près de chez moi, en Creuse : l'un des fils de mes voisins agriculteurs se suicida, faute d'arriver à se marier. Je ne l'avais rencontré qu'une seule fois, des années auparavant, nous avions échangé quelques mots au bord de la route à propos de la beauté du paysage. Sa sensibilité, son lyrisme, même, lorsqu'il parlait de son pays, m'avaient étonnée, car il vivait dans un milieu plutôt... fruste.

J'avais, depuis le drame, envie d'écrire quelque chose à propos de ce décalage, et je commençai par ces mots : « Paul n'avait pas eu de chance, il n'aurait jamais dû naître chez ces gens-là. »

Dès le début de la rédaction du chapitre qui le concernait, j'eus un sentiment très étrange, une impression que je n'avais jamais eue en écrivant. Je décrivais la survivance d'un monde paysan comme il n'en existe plus, une manière de vivre, un état d'esprit d'un autre âge qui m'étaient totalement étrangers, et pourtant j'étais SÛRE de la justesse de ce que j'écrivais. Je SAVAIS que c'était comme ça. Me venaient des descriptions, des détails précis, à tel point que j'eus l'impression, certains jours, d'écrire « sous la dictée ».

Je m'en ouvris à quelques amis, tant cette impression était forte et troublante.

J'atteignis une sorte de summum lorsque, écrivant en Creuse, en plein hiver, avec ma bougie allumée sur la table, mon bonnet sur la tête, un châle sur les épaules et mon chat à côté du cahier, le vent qui hululait dehors, je pensai à ce voisin qui s'était tiré un coup de fusil dans le crâne vingt ans auparavant, et je me dis tout à coup : « C'est lui ! Il est au-dessus de ma tête, il veut que j'écrive son histoire ! C'est lui qui me guide… »

Pensée qui ne m'effraya pas, d'ailleurs, car je ne suis pas réticente devant l'éventualité d'être visitée par quelques fantômes – mon optimisme est tel que je suis certaine qu'ils seraient bienveillants !

Je terminai donc, toujours habitée par cette impression, mon chapitre sur Paul, et rentrai à Paris.

Ma chère tante était venue s'installer dans la capitale, près de moi, m'aidant au soin des enfants. Le temps où je lui écrivais chaque semaine était donc bien loin, mais elle restait souvent ma première lectrice, lorsque je me lançais dans un livre.

Elle lut à mon retour le chapitre consacré à mon paysan, Paul, songea un moment en silence, puis me dit :

– C'est très curieux. Tu ne les as pas connus, tu n'as même pas entendu parler d'eux, puisqu'elle s'est toujours tue à leur sujet, mais... c'est la famille de ta grand-mère que tu décris là. C'était exactement comme ça, chez eux.

Je ne saurais exactement définir ce qui coula dans mes veines lorsque j'entendis ces mots – une reconnaissance, un miel d'évidence ? Quelque chose de doux et de lumineux, en tout cas.

Non, ce n'était pas un fantôme, même bienveillant, un esprit flottant au-dessus de ma tête qui m'avait soufflé les détails, le décor. Cela venait de plus loin, de plus profond, de chez moi, en fait. Voilà pourquoi j'avais le sentiment bizarre de ne pas me tromper, de savoir à l'avance. C'était À MOI, aussi. À travers les morts, les générations, cela remontait... Pour une qui s'était sentie si longtemps « du côté rompu de la chaîne », maillon isolé, sans mémoire, c'était tout de même un choc de se découvrir des racines si profondes et sensibles.

Ma grand-mère paternelle était décédée depuis longtemps, lorsque j'écrivis PAUL. À la réflexion, il est très étrange que, nantie de onze frères et sœurs, donc d'une énorme famille dans ce milieu paysan normand dont elle était issue, elle n'en parla jamais, ni d'eux ni de personne de leur entourage, et qu'aucun d'eux n'ait été à ses yeux digne d'un mot ou d'une visite. Quelle chaîne rompue y avait-il donc là aussi ? Quel terrible reniement ?

Et voilà qu'à la faveur de l'écriture, mettant en œuvre les ressorts mystérieux de l'imagination, je sais à présent que vit en moi, d'une obscure manière, une part de « ces gens-là »... Et l'on me fera croire, après, qu'écrire un roman est un passe-temps innocent !

Voilà donc ce qui a sous-tendu ce « fil d'écriture », depuis mes douze ans, environ. Certes, je n'ai pas été l'un de ces écrivains prolixes qui « pondent » professionnellement leur livre annuel, mais je n'ai jamais lâché, jamais rompu ce fil. En lui, et avec ces étapes de vie qu'il m'aida à franchir – dont j'ai relaté ici les plus décisives –, je reconnais ma vraie continuité. Grâce à lui j'ai cherché, j'ai grandi, j'ai peut-être évité le pire (une chute dans le « lac noir » ?). C'est en tout cas le seul chemin de mon existence dont je sais qu'il ne doit rien au hasard.

Attaquons-nous, maintenant, au parcours incertain…

Prime enfance

J'ai écrit un jour, à propos de la mort brutale de mes parents : « Les retombées de cendre de cette catastrophe ont obscurci jusqu'à ma mémoire. Et puisque rien ne m'est jamais revenu des années "d'avant", je suis bien obligée de supposer que cette amnésie doit être charitable… » En effet, il était peut-être trop douloureux de se souvenir du temps où je vivais avec eux, petite fille normale et privilégiée, nantie de parents jeunes, beaux et aimants. Il fallait sans doute oublier, pour survivre.

Mais lorsque j'écrivais *Le Voile noir*, je souhaitais ardemment que ma prime enfance me soit rendue. Je ressentais douloureusement cette amputation, et puisque j'avais enfin le courage de m'attaquer au terrible sujet, de rompre le silence gardé depuis si longtemps, de regarder en face l'insupportable que j'avais fui, il me semblait légitime, en compensation de ce dur travail, que je puisse retrouver une part de mes premières années de vie – ç'aurait été la moindre des choses, tout de même !

Les photos de mon père enfin découvertes, contemplées avidement pendant le temps de ce travail, étaient certes une PREUVE que cette enfance perdue avait existé, que j'avais été un jour choyée, touchée, embrassée par un papa et une maman. Je le voyais, fixé en noir et blanc. Mais aucune trace, aucun écho en moi de tout cela, aucune sensation, aucune image intérieure. Dès que je quittais les photos des yeux, ne restait que le fameux voile noir, bien opaque, impénétrable. Et regarder les photos aboutissait au contraire à une démonstration de cette non-mémoire, et de mon impuissance à la réveiller.

Une seule fois, le voile s'entrouvrit, fugitivement, lorsque j'écrivais *Les Chats de hasard,* livre qui clôt pour moi une «trilogie du deuil».

Je pensais aux chats de mon enfance, si nombreux dans ce vieux quartier Martainville – entièrement rasé depuis – et dans la maison où nous vivions, mes parents, grands-parents maternels, oncle et tante, d'une manière on ne peut plus tribale. Tout à coup, un matin, songeant à ces chats de rue, puisque j'écrivais un chapitre sur eux, j'en vis un, qui s'échappait sous une porte cochère à demi-pourrie... Ni rêve ni fantaisie de l'imagination, mais une vision qui surgissait dans mon esprit – vision intervenant d'une étrange manière puisque, réveillée depuis peu, assise dans mon lit, les yeux grands ouverts et pensant à mon travail en cours, me vinrent des images d'une incroyable précision, comme un «film dans la tête». Un autre chat apparut, et je vis derrière lui toute la rue, les pavés, le fameux Robec qui passait devant la porte de notre maison (immonde canal charriant les déchets des tanneries et teintureries voisines). Puis, plus loin, ce pont d'où on voyait le Robec se jeter avec tumulte dans l'Aubette, petite rivière qui traversait le quartier. Je n'avais pas besoin de fermer les yeux, les lieux m'apparaissaient les uns après les autres, en un «montage» que je ne maîtrisais aucunement. Je reconnus ainsi tout le chemin que je faisais pour aller à l'école, et même quelques coins de pièces, une fenêtre, et un bout du jardin de ma maison d'enfance! Toujours avec un chat dans le champ de vision qui m'était donné – c'est par eux que je retrouvais, extrêmement émue, une partie du décor de cette prime enfance effacée. Mais les humains en étaient absents. Me revenaient en mémoire, par

158
ROUEN. — Rue des Eaux-de-Robec
MEUBLEMENTS
MEUBLES
LA MAISON D'OR
ND Phot

l'entremise des chats, un quartier fantôme, une maison vide d'habitants… C'était déjà ça. L'affamée que j'étais accueillit avec gratitude ces quelques miettes de souvenirs.

Cela dura un quart d'heure, à peu près. Puis, alors que j'avais toujours les yeux grands ouverts, le film intérieur s'éteignit brusquement. C'était fini.

Depuis, aucune autre image, aucune bribe de ces années-là ne m'a été rendue. Il fallut que je me contente de ce cadeau, reçu en ce matin d'une manière aussi bizarre et impromptue.

De cette grande famille maternelle, dans laquelle je fus élevée jusqu'à mes presque neuf ans, il ne reste au moment où j'écris qu'une seule personne – à part moi, bien sûr : mon oncle, jeune frère de ma mère, qui était adolescent lorsqu'il vivait avec nous tous dans cette maison. Un jour que je déplorais devant lui cet effacement de ma mémoire, il me dit :

– Je peux tout te raconter. Ton enfance, C'EST MOI QUI L'AI.

Il ne sait pas, ce doux oncle qui est toujours de ce monde, combien ces mots, pourtant si bien intentionnés, me dissuadèrent de lui poser jamais la moindre question. Ce que je veux, c'est mon enfance à moi, et vécue par moi. Pas celle de la petite fille vue par les yeux, le prisme mental d'un garçon de quatorze ou quinze ans. Moi, mes parents, notre vie d'alors vus de sa mémoire à lui, ce ne sont pas les miens. Je n'ai pas envie de me fabriquer des souvenirs à travers ceux de quelqu'un d'autre.

C'est cette même réticence qui me laissa pétrifiée lorsque je reçus cette lettre d'un ami de mon père, qui me proposait de me parler de lui. Jamais je ne pus lui répondre, totalement effrayée à l'idée de rencontrer cet homme qui allait me décrire son caractère, ce qu'ils avaient vécu ensemble, des anecdotes…

Mon jeune oncle Claude peignant dans son grenier.
Encouragé par mon père, il deviendra décorateur.

J'admets que, sans doute, une forme de jalousie renforce ma résistance, une fierté de pauvre qui interdit de rien quémander – pourquoi les autres garderaient-ils quelque chose de lui en mémoire ? Pourquoi vivrait-il encore dans leur esprit, et pas dans le mien ?

Je me contentai donc du peu que je savais : quelques mots mystérieux, qui durent être entendus avant mes huit ans, assez souvent pour qu'ils surnagent dans ma non-mémoire (j'y reviendrai), et les conversations des adultes parlant entre eux du temps d'avant le drame, propos qui ne m'étaient pas destinés, mais dont j'avais dû recueillir avidement quelques bribes, mine de rien.

Je sus ainsi que ma famille maternelle était originaire de la région d'Elbeuf, une localité située à une quinzaine de kilomètres de Rouen, en bord de Seine. Je crois qu'ils quittèrent cette ville pendant la guerre de 1939-1945, ou juste après – c'est-à-dire peu avant ma naissance – pour émigrer dans ce vieux quartier de Rouen où nous vivions donc tous ensemble dans ce qui avait été, dans des temps plus anciens, la maison d'un patron de l'une des usines voisines. Le rez-de-chaussée servait de cantine aux ouvriers de la teinturerie qui jouxtait le jardin, où ma grand-mère élevait des poules, et nous avions la jouissance du premier étage et du grenier. Notre tribu y était plutôt à l'étroit, puisque mes parents dormaient avec moi dans une minuscule mansarde et mon jeune oncle dans le grenier, où mon père avait aussi installé son coin laboratoire. Mais nous avions une salle de bains nantie d'une baignoire, luxe rarissime dans ce quartier misérable encore privé d'eau courante et d'égouts souterrains – survivance du Moyen Âge, ce faubourg sous-prolétarien était surnommé depuis le XIIIe siècle « le Nid de chiens »...

J'appris plus tard qu'Elbeuf était avant la guerre une ville riche et très peuplée. Elle abritait une importante communauté juive qui vivait de l'industrie textile – chemiseries et ateliers de confection y étaient florissants. C'était aussi, paraît-il – et malheureusement pour elle à l'époque – un nœud ferroviaire, cible de bombardements répétés. Elbeuf fut ainsi presque entièrement détruite.

Pendant des années, je crus que notre venue à Rouen était la conséquence de ces destructions – sans doute mes grands-parents maternels avaient-ils perdu leur maison dans les bombardements ? Mais pourquoi venir s'entasser au milieu de ce quartier de misère, au lieu de retrouver un logement à Elbeuf ?

Ma grand-mère, que je surnommai plus tard « la Lionne », régentait la maison, y exerçait une activité de couturière. Ma mère l'aidait, tricotait inlassablement. Mon grand-père, mon père étaient ailleurs en train de travailler, ou enfermés qui dans son atelier, qui dans son labo photo, mon jeune oncle à l'école ou dessinant dans son grenier. La maison était aux femmes. Et aux chats.

Voilà donc tout ce qui me reste de ces premières années. De vagues impressions, dont je ne suis même pas certaine qu'elles n'aient pas été ravivées par les bribes de propos que j'entendis par la suite.

Mais surnageait au-dessus de tout ce flou la phrase mystérieuse souvent et nettement entendue : « Quand on était au cirque… » et même : « Du temps où on avait le cirque… »

Il fallut bien des années pour que j'aie la clé de l'énigme.

Malheur scolaire

Je ne sais pas quand il a commencé. Pas à l'école primaire, me semble-t-il. Je n'ai que peu de souvenirs – bons ou mauvais, d'ailleurs – du temps d'avant le lycée. Cette amnésie sur ce qui avait eu lieu avant la mort de mes parents se répercuta sur les quelques mois ou premières années qui suivirent, d'une manière peut-être un peu moins opaque, mais en ce qui concerne la nouvelle école primaire où j'ai été, les camarades de classe, le décor, il ne me reste absolument rien.

De mon emménagement chez ma tante et ma grand-mère paternelle, que je connaissais peu, je ne me souviens pas non plus. Pourtant, débarquer avec mes affaires dans cette maison quasi inconnue, après un tel malheur, devait être bouleversant.

Curieux passage d'une partie de ma famille à l'autre, d'ailleurs, alors qu'il eût été plus logique – et sans doute plus rassurant pour la jeune traumatisée que j'étais – de repartir chez ma grand-mère maternelle, de retrouver ce foyer que j'avais quitté depuis peu. Je n'en étais partie que quelques mois plus tôt, pour aller avec mes parents dans cette affreuse petite construction neuve et mal finie qui allait les tuer. Pourquoi m'imposer, après cette terrible perte, en me séparant, qui plus est, de la petite sœur que j'adorais, d'aller habiter un lieu presque étranger, chez une tante et une grand-mère que j'avais vues de loin en loin, lors de fêtes de famille, mais auxquelles j'avais prêté peu d'attention ?

Ou bien, au contraire, aurait-il mieux valu, au lieu de me renvoyer d'où je venais, où tout ce qui m'était familier – chambre en soupente vide où je dormirais seule, places à table inoccupées – me rappellerait cruellement leur absence, m'obliger en quelque sorte à « repartir à zéro », avec d'autres gens, un autre état d'esprit, pour créer de nouveaux repères ?

Je doute que ces questions-là, et la réelle volonté de m'épargner, aient été pesées... On faisait peu de psychologie, à l'époque. Les adultes décidaient, les enfants suivaient !

Je sus beaucoup plus tard la vraie raison de ce chassé-croisé, et que ma venue chez ma tante avait été convenue après une rude bagarre...

Toujours est-il que les premiers temps de ce changement radical restent assez flous dans ma mémoire.

Je sais que je ne montrais rien de mon chagrin, réagissant d'une manière assez froide et brutale, et que cette manière de cadenasser mes sentiments, allant comme si de rien n'était, devait être déroutante, voire inquiétante pour mon entourage.

Je me faisais à ma nouvelle vie apparemment sans problème, dans cette petite maison campagnarde au confort très rudimentaire située sur une colline des environs de Rouen – pas de salle de bains, un seul robinet d'eau froide dans la cuisine, pas de chauffage, à part la cuisinière à charbon, toilettes au fond du jardin –, et sans poser de questions. Je ne parlais jamais de mes parents. On ne m'en parlait pas non plus.

Quand j'eus l'âge d'entrer en sixième, deux ou trois ans plus tard, il fallut déménager pour habiter un petit appartement de deux pièces en rez-de-chaussée, situé dans le centre-ville de Rouen, pour que je puisse aller au lycée.

À partir de ce moment, mes souvenirs deviennent plus précis. Je me rappelle fort bien ma chambre, ses trois fenêtres en angle donnant sur une église, dans une petite rue assez sombre. La seule chambre plutôt vaste de cet appartement était réservée à mon usage exclusif, tandis que ma tante et ma grand-mère dormaient dans deux petits lits escamotables (l'un faisant office de canapé, garni des oreillers en guise de dossier) dans la « pièce à vivre », pourtant plus exiguë. Ce détail à lui seul est révélateur de l'amour, de l'attention – je pourrais presque oser le mot « vénération » – que ma tante avait pour moi.

Et j'entrai donc au lycée…

Je ne montrai rien – et sans doute en fus-je moi-même assez inconsciente, au début – de la répulsion que j'éprouvais. Je subissais l'incontournable obligation d'être enfermée dans cet endroit comme une fatalité à laquelle il fallait bien se plier, puisque apparemment nulle enfant de mon âge ne pouvait y échapper. Je « faisais avec » du mieux que je pouvais. Ou je faisais semblant.

Or, d'emblée, je détestai TOUT.

Cette grande cour vide, dite de récréation, avec ces hordes de filles qui criaillaient, se bousculaient, couraient dans tous les sens, les ordres brutaux des surveillantes pour nous maintenir en rang, l'affreux bruit des pieds tapant exprès trop fort sur les marches lorsqu'on montait les étages, l'écœurante et fade odeur des classes et de la craie, du parquet brut lavé à l'eau de Javel, la raideur des pupitres en chêne accolés à leur banc étroit, passer d'un cours à l'autre avec des professeurs plus ou moins sympathiques, l'impression d'être dans un troupeau à suivre tant bien que mal, d'être englobée dans un fonctionnement qui m'était contraire, me révulsaient profondément.

Et même si, bien obligée, je ne pouvais pas rester complètement à part et si j'eus quelques copines, je garde de cette époque – et garderai toute ma vie – la détestation des bandes de filles, de cette vulgaire complicité de sexe qui vous met, malgré vous, « dans le même panier ».

Alors difficile d'être une bonne élève quand on se sent piégée à contrecœur... Je me souviens d'avoir été carrément prise en grippe par certains professeurs – ou ils m'en donnaient l'impression. Mais je reconnais, *a posteriori*, que je devais être une jeune personne difficile à manier. Un ou deux d'entre eux, en revanche, se montrèrent à mon égard enclins à une sympathie, voire à une connivence, qui survolaient un peu la tête de mes camarades de classe et m'étaient un baume au cœur. Ceux-là enseignaient, bien sûr, les rares matières que j'aimais !

Non, je n'ai pas été une élève facile. Ce fiasco scolaire, j'en porte pour une bonne part la responsabilité.

Il faut dire qu'après un traumatisme aussi brutal que celui que j'avais subi, c'en était fini de l'enfance... Je veux dire de la véritable enfance, avec son insouciance, son irresponsabilité, sa part naturelle de bêtification. On est encore une enfant, certes, mais l'enfant « qui a vu cela », a déjà, malgré lui, la fameuse image en filigrane, ce subtil voile qui met à distance. On ne rit plus pareil, on ne s'amuse plus pareil. Je garde toujours une sainte horreur des jeux, quels qu'ils soient (jouer la comédie n'est pas un jeu).

Et puis, constater si brutalement que les deux piliers de sa vie, le père et la mère, peuvent disparaître ainsi du jour au lendemain occasionne un automatique recentrage sur soi. À quelle affection se fier, sur qui s'appuyer en confiance, si le soutien naturel le plus solide, le plus fiable, peut se dérober ainsi ? Si l'on survit, il me semble que c'est au prix, surtout les premières années, d'un nécessaire égocentrisme – qui n'est pas forcément de l'égoïsme, car je me savais d'un caractère plutôt gentil et généreux. Mais les événements vous forcent à un individualisme de défense. Du moins c'est ainsi que j'ai grossièrement analysé ce qui m'a fait éprouver un tel malaise, à l'époque, dans le milieu scolaire : cette réaction d'égocentrisme de survie, me rendait incapable de composer avec le groupe.

Je dus redoubler la sixième, bien sûr.

J'excellais pourtant dans certaines matières, mais exclusivement dans celles-là – le français, le dessin, la gymnastique (si on peut considérer cette dernière comme une « matière »), ainsi que l'espagnol, choisi en première langue et pour lequel je me pris d'une véritable passion. J'allais oublier la couture, que l'on enseignait encore aux filles dans ces années-là. J'étais la reine du surjet, des jours, du surfilage et autres joyeusetés, grâce à un apprentissage précoce avec ma grand-mère, ou peut-être grâce à un don héréditaire.

Pour le reste, c'était une pure catastrophe, le summum étant atteint avec l'arithmétique. J'étais en proie à une véritable phobie des chiffres, et quand se mêlèrent, aux nombres détestés, des lettres, pour cette chose étrange et tordue qu'on appelle l'algèbre, je chutai dans un abîme d'incompréhension ! Les problèmes à résoudre, de trains, robinets et autres, étaient des enfers dont je n'arrivais pas à sortir.

Ma tante m'offrit un professeur particulier, qui venait m'aider trois fois par semaine après les cours – en vain. Il m'expliquait longuement la première partie d'un problème et, ô miracle, une clarté se faisait dans mon esprit : je comprenais ! Cela semblant acquis, il attaquait alors le second versant du raisonnement qui allait m'amener au bon résultat final, et CRAC, un black-out se faisait dans mon pauvre cerveau. Y tombait un rideau opaque, façon obturateur d'appareil photographique, et les efforts que je faisais pour comprendre la deuxième partie du problème rendaient soudainement inaccessible ce que j'avais compris auparavant. Plus rien. Trou noir. Tout à recommencer. Cet étudiant qui devait gagner quelques sous avec ces cours particuliers, un gros garçon placide et patient, en piqua un jour une vraie crise de nerfs !

Je réussis pourtant une fois à résoudre un problème toute seule – encore un de ces casse-tête arithmétiques, histoire de trains qui partent à des horaires différents, avec des vitesses variables, des arrêts, et une heure de croisement à trouver. Un vrai bonheur, en somme…

Cette fois-là, révoltée par ma propre impuissance, j'entrevis un moyen de « faire la peau » à cet imbroglio, dont la difficulté me narguait. Je saisis une grande feuille de papier, un double décimètre, traduisis les chiffres honnis en segments de différentes longueurs, plus ou moins inclinés suivant la vitesse du train, démarrant plus ou moins en bord de feuille suivant le retard de départ, respectant les arrêts de l'un ou l'autre avec des espaces, les heures étant une mesure régulière en fuseaux partant du haut de la feuille. Et je finis par trouver un point de recoupement logique, dont je déduisis le chiffre fatidique : l'heure de croisement des trains.

Le lendemain, en classe, nantie de ce résultat, je levai hardiment la main quand le professeur demanda si quelqu'un avait réussi à résoudre ce problème compliqué. J'étais le seul bras levé… Ébahissement marqué du professeur, qui déclencha une tempête de rires narquois – les cancres notoires qui osent s'exposer provoquent ce genre de réaction. Et lorsque je dis à voix haute le résultat que j'avais trouvé, et qu'il se révéla juste, le visage exagérément stupéfait du professeur provoqua des hurlements de joie redoublée. Je fus donc priée de monter sur l'estrade – c'était la première fois ! – pour démontrer à mes camarades comment j'avais obtenu ce magnifique résultat.

Vous devinez la suite : je dessinai au tableau avec la craie mes segments, leur inclinaison suivant la vitesse, les arrêts-espaces, les tranches horaires, etc. J'allai jusqu'au bout de ma démonstration, consciente tout de même que les rires faisaient place à un silence de plus en plus épais. La stupéfaction sur le visage du professeur avait aussi changé de tonalité, se teintant à présent d'une affliction de plus en plus marquée.

Après une remarque réprobatrice, on me renvoya sèchement à ma place. Je crois avoir tenté de me défendre : avais-je le bon résultat, oui ou non ? Il me fut répondu que ce n'était pas le BON moyen de le trouver, et que, mon raisonnement étant fantaisiste, la solution que j'avais trouvée n'avait aucune validité.

Je raconte cette anecdote en détail, car j'espère – j'espère, vraiment, de tout mon cœur, pour les jeunes générations – qu'on a fait depuis quelques progrès en pédagogie et qu'on ne découragerait plus aussi brutalement un élève qui trouverait un moyen inventif de résoudre un problème mathématique par la géométrie.

Mais là n'était pas le pire…

L'obstacle infranchissable entre tous fut la DIVISION. Jamais je ne parvins à faire une division, même à un chiffre. Aucun cours particulier, aucun professeur, aucune méthode ne vinrent à bout de ce blocage. Et je vous autorise à librement vous esclaffer en lisant ceci : Je ne sais TOUJOURS PAS faire une division.

Je n'en tire ni fierté, évidemment, ni honte. Mais je décourage à l'avance la personne qui aurait la velléité de m'aider à remédier à cette lacune. Car, vous l'avez certainement remarqué, la division est totalement inutile, on ne s'en sert jamais dans la vie courante – diviser quoi ? pourquoi ? On additionne, on multiplie, on soustrait. Diviser, jamais ! On s'en passe donc fort bien.

J'eus toutefois un jour une possible explication de ce blocage personnel…

Lorsque j'eus des enfants, et que vint pour eux l'âge d'aller à l'école, je fus terrorisée à l'idée qu'ils attrapent cette phobie scolaire – comme un mauvais virus transmis par la mère (quoique le père, sur ce plan, ne valût guère mieux, avec pour unique diplôme un « brevet chaudière-turbine » gagné dans la Marine...). Il fallait faire au mieux pour leur épargner de subir ce malheur à leur tour.

Passé le moment désagréable où je faillis vomir en achetant le premier cartable (...), je potassai le sujet. Parmi les éminents psychologues qui se sont penchés sur le problème, il y a en tête la grande Françoise Dolto. J'acquis plusieurs de ses livres, dont un, au titre pour moi particulièrement parlant : *L'Échec scolaire*. J'y trouvai ces quelques lignes (je cite de mémoire, mais je suis à peu près certaine de leur exactitude) : « Chez un enfant traumatisé par une explosion familiale, le principe de la division est inintégrable. »

L'explosion, certes, je l'avais subie de plein fouet : mort des parents, séparation d'avec ma sœur, départ dans une maison quasi inconnue... Était-ce là la clé ? Il est en tout cas assez réconfortant de se voir offrir, *a posteriori*, une possible explication de ce curieux blocage, qui m'a empoisonné quelques années d'adolescence.

Fin de dissertation sur la division, opération inutile qui ne vaut pas qu'on en fasse un roman !

Après mes deux sixièmes, on me laissa passer en cinquième, puis, ô miracle, en quatrième – peut-être par lassitude...

À ce stade, cela se gâta sérieusement. C'est à ce moment que, habitée de pensées assez morbides, j'eus probablement la tentation de rejoindre ces parents dont on ne parlait jamais. Dans le journal intime dont je noircissais des pages le soir, je notai un jour que, les voitures roulant extrêmement vite sur le grand boulevard qui entourait Rouen, il me suffirait, en marchant tout au bord du trottoir, de me laisser tomber sur la chaussée. « Ce serait facile », avais-je écrit précisément.

Quelque temps après, marchant tout au bord du trottoir, il arriva ce que j'avais en quelque sorte répété mentalement... Aucun souvenir du geste, du moment qui m'amena à tomber devant un véhicule lancé à pleine vitesse, aucune claire décision – un blanc, une bulle, j'avais glissé dans mon fantasme, je m'étais «échappée». La voiture, à la carrosserie trop basse pour m'avaler, me cracha plus loin, avec une belle entaille au cuir chevelu. Un court séjour à l'hôpital, quelques points de suture, c'est tout. C'était raté pour les retrouvailles avec les morts. Il fallait donc continuer.

Et continuer vers un nouveau redoublement, celui de la quatrième, perspective on ne peut plus réjouissante!

De plus, la nature me gratifia cette année-là de treize centimètres supplémentaires. En une seule année, j'atteignis presque ma taille d'adulte, c'est-à-dire un bon mètre soixante-quinze – grand échalas dominant une mer de gamines, de trois ans plus jeunes que moi et m'arrivant à l'épaule. J'ai encore le souvenir cuisant – et terriblement sonore – du raclement sinistre que fit sur le plancher le grand pupitre en chêne soustrait aux terminales lorsqu'on le traîna au fond de la classe spécialement pour moi, afin que je puisse, ainsi juchée, entrer mes genoux sous la table.

Cela n'a guère facilité mon intégration, accentuant un décalage de plus en plus douloureux.

Puis, un peu avant la fin de l'année, la nouvelle tomba – je devrais dire «le verdict», tant il s'apparenta pour moi à une condamnation : je devais redoubler pour la troisième fois cette quatrième!

Il fallait d'urgence me sortir de là…

TOUTEFOIS…

On pourrait croire, en lisant tout cela, que je déteste, que je méprise l'école, que je suis contre les études.

Bien sûr que non.

Pour moi, pour ce cas si particulier, ce ne fut ni un succès ni un bonheur. Mais je dois reconnaître que c'est là que j'appris tout ce qui me servit ensuite – le français, le goût des textes, et même les premiers rudiments du dessin.

Évidemment, je défends l'école, sachant surtout que tant de filles dans le monde sont privées de cette chance de pouvoir apprendre, étudier, clé de leur liberté.

Ce que je déplore, c'est que pour des cas très spécifiques, comme j'en fus un, manifestant très tôt un attrait exclusif pour telle ou telle matière, assorti de dons évidents, on ne puisse plus prendre, en quelque sorte, de « chemin de traverse » pour accéder à un enseignement spécialisé de qualité.

Partie du lycée en quatrième (avec, il est vrai, un BEPC arraché de haute lutte), je parvins tout de même à étudier aux Beaux-Arts, puis au Conservatoire national d'art dramatique, qui sont des établissements de niveau universitaire.

Il est impossible aujourd'hui d'entrer dans ces belles écoles sans le bac. Ceux qui ne parviennent pas à l'obtenir, pour une raison ou une autre, se voient donc condamnés au « parcours sauvage »…

D'autant que la solution du « privé » n'est pas évidente non plus. M'étant renseignée un jour, à la demande d'une amie, sur les conditions d'admission dans une célèbre école d'art, il me fut répondu qu'étaient admis à passer le concours d'entrée uniquement les élèves nantis des meilleurs dossiers scolaires – pas un dessin, pas un travail artistique n'étaient présentés pour une possible admission à ce concours !

Alors, certes, c'est une excellente chose que le niveau de culture générale augmente, mais à condition qu'il ne se transforme pas en « écrémage » systématique, écartant les cas dans mon genre, qui pourraient fort bien continuer à étudier dans le domaine pour lequel ils sont doués.

Disons que j'ai eu de la chance…

Moment étrange

Ma tante m'avait inscrite à un cours de danse, et Mme Dassas, mon professeur, organisait chaque fin d'année un spectacle qui réunissait les élèves en plusieurs tableaux. Elle fournissait par ailleurs quelques danseuses, et faisait la chorégraphie, pour certaines manifestations. C'est ainsi grâce à elle que je fis mes premiers pas sur scène – assortis d'un cachet de «professionnelle», s'il vous plaît : quinze francs! J'exécutai un french cancan à la foire-exposition de Rouen, puis je fis partie du corps de ballet dans une «Valse de Vienne» au théâtre de Sotteville-lès-Rouen – corps de ballet constitué de quatre danseuses en tutus respectivement rose, vert, bleu et jaune. Mon seul souvenir marquant de cette prestation fut que je faillis faire chuter le rideau de fond de scène en m'y accrochant, car j'avais malencontreusement mis le pied à côté de l'estrade où nous étions juchées pour qu'on nous voie évoluer derrière les chanteurs.

Grâce à ma grande taille, je pouvais faire illusion et passer pour une danseuse presque adulte. Cependant je sus très vite que cette taille, et une ossature plutôt épaisse, m'interdiraient une carrière professionnelle. Cela tombait bien, je ne rêvais pas d'être danseuse. À treize, quatorze ans, ces expériences étaient très amusantes, mais nullement l'expression d'une vocation.

La désastreuse démolition du cirque Rancy à Rouen, en 1973.

Le spectacle de fin d'année avait lieu dans le magnifique cirque Rancy de Rouen – un cirque «en dur», tel notre Cirque d'Hiver Bouglione à Paris, et qui fut malheureusement détruit plus tard, en 1973, à la mort de la dernière grande figure circassienne du lieu, Sabine Rancy. Ce cirque magnifique se dressait sur les boulevards du nord de Rouen et accueillait parfois, avec une scène montée en fond de piste, des spectacles de théâtre et de danse.

Un après-midi – après le lycée? un mercredi? –, je m'en fus sur le boulevard et arrivai au cirque Rancy.

M'étais-je trompée de jour, d'heure de répétition? Toujours est-il que je me trouvai seule là-bas. Je le constatai après avoir passé les portes d'entrée grandes ouvertes. Le hall où nous nous retrouvions habituellement était désert. Et désert le cirque lui-même où je pénétrai ensuite, par les portes intérieures qui donnaient sur la salle, ouvertes elles aussi. Tout le bâtiment était plongé dans l'obscurité, et la seule clarté provenait de la cheminée d'aération, tout en haut du chapiteau rond.

Les gradins vides, dont on ne voyait pas les étages supérieurs, dans un clair-obscur qui se perdait plus haut dans la pénombre, l'unique rai de lumière du jour tombant sur la piste, le silence, créaient une ambiance assez magique. Mais ce n'est pas seulement cela qui me tint un long moment assise en bord de piste.

Un état un peu léthargique m'avait saisie, une bulle de fascination qui me faisait perdre la notion du temps. Je ne sais combien de temps je restai là, avec un très doux sentiment de familiarité avec le lieu. Je n'avais pas envie de partir. Clouée là, je me sentais bizarrement chez moi. Et cette phrase précise me vint en tête : «Je suis chez moi…»

Je me souviens parfaitement de ce moment étrange – tout aussi étrange que ces mots qui me vinrent précisément à l'esprit, moi qui n'avais jamais habité un lieu pareil. Encore aujourd'hui, j'ai clairement en mémoire le silence, je garde au cœur le sentiment qui m'interdisait de bouger, ces mots mystérieux, le décor de ce cirque fantomatique et désert – tout aussi fantomatique que celui que je retrouverai beaucoup plus tard, et où d'autres mots me seront soufflés…

Je repartis sans avoir croisé âme qui vive.

Tata

Je devrais consacrer un livre entier à ma tante, sœur de mon père, qui fut ma tutrice à la disparition de mes parents.

J'avais toujours détesté les mots « tuteur » et « tutrice », que je trouvais laids, jusqu'à ce que je fasse du jardinage… Or, c'est merveilleux un tuteur – la plante en est indépendante, pas de racines qui se mélangent, il est juste planté là, à côté d'un jeune plant, pour que celui-ci puisse s'y appuyer et grimper vers la lumière, accomplir toute sa croissance, se renforcer, faute de quoi, trop faible au départ, la plante ramperait au sol et ne donnerait aucune fleur, aucun fruit.

C'est exactement ce que fit ma tante pour moi.

Assez peu câline, peut-être par pudeur, ou par intelligence, ayant compris que de trop tendres gestes me seraient insupportables, nul ne devant s'arroger le droit de remplacer ma mère disparue, elle se tint exactement à la bonne distance, pour ne pas m'effaroucher d'abord, puis pour gagner ma confiance.

D'ailleurs, être une seconde mère pour moi ne l'intéressait pas, cet esprit libre et fier avait mieux à faire en se chargeant de ma jeune personne : elle avait une revanche à prendre sur la vie…

Sa mère, ma grand-mère paternelle, issue de cette famille paysanne de onze enfants, n'avait pas eu de chance dans sa vie de femme. Elle fut veuve trois fois. Les hommes mouraient souvent jeunes dans les milieux très modestes, à l'époque, d'accidents du travail, d'alcoolisme, de tuberculose – quand ce n'était pas à cause des guerres... Elle dut se débrouiller seule, tant bien que mal, pour élever les trois enfants issus de ses deux premiers mariages : deux garçons, dont mon père, et une fille, ma tante, qui était l'aînée. Ma grand-mère assura leur subsistance en tenant un bistrot-tabac à Yvetot, petite commune de Haute-Normandie – bistrot qui devint, lorsqu'elle épousa sur le tard un M. Duperray, coiffeur de son état, un «bistrot-tabac-coiffure» qui procura à la famille une aisance un peu plus grande.

Mais pour ma tante, c'était trop tard. Elle avait déjà treize ou quatorze ans lorsque ce mariage heureux – heureux dans tous les sens du terme – eut enfin lieu... Alors qu'elle adorait étudier, invariablement première en classe, ma tante fut sortie de l'école à onze ans. Elle qui rêvait de devenir un jour professeur (comme eut la chance d'y parvenir l'auteur Annie Ernaux, élevée dans la même ville, qui faisait ses devoirs, raconte-t-elle dans son livre *La Place*, dans l'arrière-cuisine du café tenu par ses parents, sans doute presque voisins) dut aider ma grand-mère à servir au bistrot, afin de permettre aux deux garçons de continuer leurs études. La fille sacrifiée, pour favoriser les futurs chefs de famille. C'était courant, c'était normal en ce temps et dans ce milieu social. La fille trouverait bien un homme à épouser, plus tard, qui la nourrirait et dont elle entretiendrait la maison.

Tombée éperdument amoureuse à seize ans d'un homme plus âgé qu'elle, qui attendit patiemment ses vingt et un ans – la majorité d'alors – pour l'épouser, elle vécut un véritable mariage d'amour. Celui-ci fut malheureusement de courte durée, car ce charmant mari, qui travaillait à la SNCF, mais était aussi un excellent peintre amateur (je conserve de lui deux jolis tableaux que ma tante m'a donnés),

Tata en plein Scrabble.

mourut de la tuberculose quelques années plus tard. Ma tante, veuve à trente ans, n'eut d'autre recours que d'apprendre seule un métier pour gagner sa vie. Car de remariage possible, pour cette femme au caractère entier, il n'en était pas question. « On n'aime qu'une fois » fut son credo, et aucun des hommes qui tentèrent de la séduire ensuite (elle était belle) ne parvint à la faire changer d'avis.

Elle devint donc « mécanographe-comptable » et tint jusqu'à sa retraite, à elle seule, la comptabilité de toute une usine – dont elle avait les clés, d'ailleurs, car cette employée peu maniable entendait y travailler aux heures qui lui convenaient, et éventuellement la nuit !

Elle était revenue vivre avec sa mère, qui ne tarda pas à devenir veuve, pour la troisième fois. Quand je débarquai peu après dans la petite maison campagnarde où elles résidaient, c'est dire qu'il y avait peu d'hommes dans mon horizon…

C'est de mon éducation par ces femmes battantes, héritières, je crois, des « femmes de la guerre de 14-18 », sans que jamais cette loi soit clairement dite, mais reçue par imprégnation puissante, que j'acquis cette certitude : ne jamais avoir à dépendre de personne, et surtout pas d'un homme, pour me faire vivre.

En lisant le chapitre précédent – grave blocage scolaire, déni de deuil, pensées morbides et même vague suicide programmé, accompli finalement en une sorte d'acte manqué –, certains pourraient s'étonner que nul n'ait pensé à m'envoyer chez un psychothérapeute. Ma tante, pourtant, devait suivre presque au jour le jour ce que je notais dans ce journal intime, que je ne cachais pas vraiment, ou très mal. Mais aller « consulter » n'entrait pas du tout dans les mœurs de notre milieu.

Elle s'y prit autrement…

Pour compenser ce malheur scolaire qu'elle ne pouvait pas ignorer, m'en distraire, en quelque sorte, elle se mit à l'affût de mes goûts, de mes facilités, de mes dons. J'aimais lire ? J'avais, dès dix, onze ans, tous les livres que je voulais, et que je dévorais. J'étais douée pour la gymnastique ? Je fus inscrite à ce cours de danse, que je suivis assidûment trois fois par semaine, chez l'excellent professeur Mme Dassas. J'étais bonne en dessin ? La maison regorgeait de papier, pastels, couleurs en tous genres, et même boîte de peinture à l'huile et chevalet – matériel dont ma tante avait été familière du temps de son mariage, comme de « la saleté que cela faisait », elle qui était très maniaque question ménage. Qu'importe ! Elle était pour moi prête à tous les sacrifices. Et lorsque je peignis, vers onze ans, une nature morte tout à fait convenable, avec poterie, fruits et drapé, elle crut avoir une sorte de Michel-Ange femelle en herbe à la maison, et m'inscrivit aussi aux cours du soir des beaux-arts de Rouen. J'aimais l'espagnol ? Je fis un séjour en Espagne, l'été de mes treize ans, et elle m'y envoya régulièrement, pour continuer à me perfectionner dans cette langue que j'aimais tant, au moins un mois et demi tous les étés suivants, et… seule !

Ce sujet vaut une parenthèse sur un mystère que je n'ai jamais éclairci : comment ma chère tante, que j'ai vue plus tard trembler de peur dès que mes propres enfants s'éloignaient un peu trop, a-t-elle pu laisser partir seule, sans aucune surveillance, à l'étranger, une nana de treize, puis quatorze, puis quinze ans, avec son mètre soixante-quinze qui la faisait paraître beaucoup plus âgée, et déjà gaulée comme une pin-up de Playmate ? Je me perds encore en conjectures… Confiance absolue ? Irresponsabilité ? Naïveté incommensurable ? Un peu des trois, sans doute. Elle louait pour moi une petite chambre dans une maison de pêcheurs – chambre que j'étais chargée de payer moi-même avec l'argent qu'elle m'avait donné au départ, et que je quittais bien sûr illico pour une pension de mon libre choix, au-dessus d'un dancing très gai. Croyait-elle que ces pêcheurs, qu'elle n'avait rencontrés brièvement qu'une fois lors de mon premier séjour, me surveillaient ? Je n'eus pas de réponse à cette question… que je préférai ne jamais poser – cela fait partie du mystère, du caractère hors normes, de la légère folie de cette femme extraordinaire à qui je dois tant.

Cela dit, il y a une hypothèse plausible : j'étais plus forte qu'elle. Elle ne savait pas résister à ce que je voulais. Quand un jour, lassée de courir après moi lorsque je flirtais dans les squares de Rouen, elle me menaça sérieusement de m'envoyer en pension, je répondis du tac au tac :

– Si tu fais ça, je me tuerai. Ou je me sauverai et tu ne me retrouveras jamais.

Elle me crut. Elle avait sans doute raison de me croire… Nous ne parlâmes plus jamais de pension. Sujet bouclé.

J'eus par ailleurs un jour une preuve amusante que cet esprit libre me considérait comme une personne à traiter d'égale à égale, et non pas comme une gamine. Lorsque le film de Fellini *La dolce vita* sortit, elle avait fort envie de le voir – et de le voir avec moi, qui avais à peu près treize ans à l'époque. Or, le film était « interdit aux moins de dix-huit ans »…

Qu'à cela ne tienne ! Profitant de ma grande taille, elle me maquilla, avec rimmel et rouge à lèvres, m'affubla d'un de ses chapeaux, d'un manteau ceinturé qui faisait ressortir mes formes naissantes, et nous entrâmes dans la salle sans problème – non sans avoir eu une belle crise de rire sur le chemin vers le cinéma. Car de quel droit une instance soi-disant supérieure aurait-elle décidé à sa place de ce que j'étais autorisée à voir ou pas ? Non mais !

Et à propos de ces nombreux petits flirts qui ont jalonné mon adolescence, nous eûmes un jour, elle et moi, un échange de quelques phrases mémorables – échange succinct et unique, qui me tint lieu

Quinze ans, seule en vacances en Espagne,
sans surveillance aucune…

d'éducation sentimentale et sexuelle. Elle me dit, à propos du garçon que je fréquentais à ce moment-là :

– Je ne vois pas ce que tu lui trouves…

– Il est beau.

– Il ne peut pas être beau, il est bête !

Puis tomba cette sentence, sur ma tête de quatorze ans à peine :

– Tu t'apercevras plus tard que, même pour faire l'amour, l'intelligence est primordiale.

C'est tout. Le sujet ne fut plus jamais abordé.

Mais j'attendis sagement plusieurs années avant de commencer à vérifier cette information capitale… Comme quoi elle avait raison de me faire confiance !

Eau minérale ou eau du robinet ?

Je ne résiste pas au plaisir de faire un grand saut dans le temps pour raconter une anecdote qui illustre à merveille la force de caractère de Tata.

À la retraite depuis quelques années, elle était venue s'installer à Paris pour m'aider – avoir des enfants en bas âge n'était guère facile pour deux parents artistes travaillant l'un et l'autre beaucoup, qui en tournage, parfois à l'étranger, qui au théâtre tous les soirs ou en tournée pendant des mois – et sa présence était indispensable et précieuse pour nous, et pour mes enfants.

Elle habitait un studio dans une résidence pour personnes âgées près du boulevard Montparnasse et parcourait journellement les quelques rues qui la séparaient de mon domicile, parfois tard le soir.

Une nuit, dans la rue déserte qui traverse les deux cimetières, pour elle le chemin le plus court entre nos domiciles, quelqu'un lui arracha son sac. Elle tenta de résister, de s'accrocher à la lanière, mais l'homme, évidemment plus fort, l'envoya valdinguer à terre et s'enfuit avec le sac, contenant ses papiers et une assez jolie somme d'argent. (Ma tante considérait, je ne sais pourquoi, qu'on ne pouvait décemment sortir de chez soi sans avoir au moins un demi-Smic dans son sac, « au cas où »... Atavisme paysan, qui exige qu'on ait son argent en liquide sous la main ? Souvenirs de la guerre, de l'exode et de ses imprévus vitaux ?)

Après cette aventure, dont elle sortit heureusement indemne, je craignis qu'elle n'ait peur de faire le chemin à la nuit tombée, surtout lorsque je jouais au théâtre jusqu'à minuit – voulait-elle que je la raccompagne ? Elle me répondit fermement :

– Mais non, voyons, c'est inutile. Il suffit que je mette à présent mon sac SOUS mon manteau.

Quelques années plus tard – elle allait alors sur ses quatre-vingts ans –, un malfaiteur réussit à s'introduire dans la résidence où elle habitait. Il frappa à sa porte, sans doute choisie au hasard. Elle ouvrit sans hésiter, comme à son habitude, et le type armé d'un couteau la repoussa violemment dans la pièce, en exigeant qu'elle lui donne « tout son fric ». Ma tante lui assura qu'elle lui donnerait ce qu'elle avait à disposition, et qu'il était donc inutile qu'il lui fasse du mal.

Revenant vers lui avec son demi-Smic (ou plus), elle vit que l'homme, qui tenait toujours son couteau d'une main, s'appuyait de l'autre sur le bord de la table, tout pâle et transpirant, comme s'il allait s'évanouir sur place.

– Voulez-vous vous asseoir ? dit-elle.

Il répondit qu'il voulait bien, s'assit, et, vraiment au bord du malaise, demanda à ma tante s'il pouvait avoir un verre d'eau.

Elle s'en alla le chercher dans sa petite cuisine, le lui tendit, et eut en le lui donnant cette réplique mémorable :

– Excusez-moi, je suis désolée, je n'ai plus d'eau minérale.

Cette extrême civilité vis-à-vis d'un type qui venait la détrousser nous fit abondamment rire, moi et mon entourage. On hurlait de joie en colportant l'anecdote.

Ma tante nous regardait froidement, estimant qu'il n'y avait pas là de quoi tant s'amuser, affirmant :

– Ce n'est pas parce que j'ai affaire à un voleur que je dois oublier, moi, tous mes principes : on n'offre pas à boire de l'eau du robinet.

Pour la fin de la petite histoire, elle laissa partir l'homme avec tout son argent, en lui assurant qu'elle n'appellerait pas la police, puisqu'« il n'était pas méchant, c'était un pauvre gars, effrayé lui-même de ce qu'il commettait ».

D'un même pas : Tata et moi à onze ans, marchant dans les rues de Rouen.

Vœu secret

Ma tante avait aussi à peu près quatre-vingts ans lorsque *Le Voile noir* sortit en librairie. Pour ce livre-là, et ce travail si sensible, elle ne fut pas ma première lectrice. Personne de mon entourage ne le fut. Je devais l'accomplir seule – avec la très discrète complicité de mon éditeur.

Elle découvrit donc le livre à sa sortie en librairie, et le lut, je crois, plusieurs fois. Je craignais sa réaction, son émotion, puisque ce sujet, avec le deuil de son frère, la touchait évidemment aussi de très près.

Pendant des jours, le silence…

Je finis par m'en inquiéter, et finalement pris l'initiative d'aller la voir pour en parler.

Je la trouvai toute pâle, figée dans ses réflexions, absolument pas en proie à un bouleversement émotionnel, comme j'aurais pu le supposer, mais plutôt commotionnée.

Elle me dit :

– C'est terrible… Comme j'ai eu tort de ne jamais te parler de tes parents ! Ta mère était mon amie, j'adorais ton père, je te les aurais fait connaître peu à peu. Ç'aurait sans doute été pour toi moins dur que de rester avec ce grand vide. Quel dommage ! Et comme je le regrette !

Elle se tut un moment, puis ajouta dans un souffle :

– Mais je ne POUVAIS PAS t'en parler, parce que je me sentais tellement coupable.

J'étais interloquée. Coupable, elle ?! Elle qui m'avait recueillie, aimée et observée si intelligemment, généreusement, s'efforçant de me mettre « toutes les cartes en main » pour que je puisse m'épanouir ?

Comme je m'étonnai, elle me fit un aveu bouleversant :

– Lorsque je venais rendre visite à tes parents, je te regardais, je voyais comme tu étais, gaie, inventive, drôle, je t'adorais. Je n'avais pas eu d'enfant avec mon mari, mais je me disais qu'il n'y avait aucun regret à avoir, car si j'avais rêvé d'un enfant, c'est TOI que j'aurais voulue. Toi, et pas une autre ! Puis, peu après, le drame est arrivé, la possibilité de te prendre avec moi. Et c'était comme si j'avais souhaité leur mort…

S'éclaircissaient instantanément pour moi, avec cet aveu, toutes les questions sans réponses – ma venue chez elle, au lieu de repartir dans ma famille maternelle quittée depuis peu, sa lutte pour avoir ma garde, qui nécessita un jugement, et même la séparation d'avec ma sœur, qui resta, elle, dans l'autre partie de la famille…

Pauvres de nous.

Comme un terrible vœu secret, exhaussé par un méchant hasard, peut nous brûler de remords toute notre vie ! Et avoir des conséquences si douloureuses pour tous.

Il n'y avait aucun reproche à faire.

Et je l'embrassai tendrement, cette tante si chère et uniquement coupable d'amour.

Celle-là

Je reviens brièvement à cette année de mes quatorze à quinze ans, décisive pour tout mon avenir.

C'est vers avril, je crois, que tomba cette nouvelle en forme de bombe : je devais refaire pour la troisième fois ma quatrième.

Toujours première en français, certes, parlant quasi couramment l'espagnol grâce aux séjours estivaux, première aussi en dessin, couture, gymnastique. Mais impossible de passer en troisième avec cette rédhibitoire lacune en mathématiques.

Que faire ? Envisager de passer encore une année coincée dans ce pupitre des terminales, en fond de classe, dominant l'armée des têtes de mes nouvelles camarades qui auraient – pour celles qui n'auraient redoublé aucune classe – quatre ans de moins que moi ? Insupportable !

Un branle-bas de combat fut déclenché.

Ma tante s'en fut consulter mon professeur de dessin aux cours du soir des beaux-arts. J'adorais dessiner. Et pourtant, l'enseignement très académique n'était guère folichon – depuis deux ou trois ans, nous avions accumulé invariablement des études rébarbatives de bustes romains et autres chapiteaux corinthiens, à la sanguine ou au fusain. Pourtant, je ne m'en lassais jamais.

Mon professeur, M. Mouillé, assura à ma tante que, vu la qualité de mon travail, je pourrais fort bien intégrer à plein temps l'école, à quinze ans, si je réussissais le concours d'entrée. Seule ombre au tableau, mais de taille : il me fallait le BEPC, acquis normalement à la fin de la troisième.

Je sais qu'eut lieu alors une sorte de « conseil de famille » pour discuter du bien-fondé de mon départ du lycée. Certains émirent-ils des doutes quant à l'orientation artistique envisagée par ma tante ? Ou fut-il suggéré que, quitte à arrêter l'école, pourquoi ne pas opter pour un apprentissage qui me dirigerait directement vers un métier me permettant de gagner rapidement ma vie ? (Comme on le fit malheureusement plus tard pour ma sœur, l'orientant, contre son gré, vers un CAP de vendeuse qui ne lui servit jamais.)

Je ne saurais dire ce qui se passa exactement. Mais ce dont je me souviens fort bien, c'est de la réaction violente de ma tante, et des paroles, d'une netteté gravée en moi, qu'elle prononça – se levant brusquement, elle pointa son index dans ma direction, et dit avec force, en martelant chaque mot :

– Celle-là fera ce pour quoi elle est douée !!

Gardant cette phrase en mémoire, et surtout son poids d'intensité, avec des blancs entre chacun des mots pour bien les faire peser, je ne compris que beaucoup plus tard quelle somme de frustrations, de regrets, de besoin de revanche par procuration à travers moi elle contenait. S'exprimait la gamine de onze ans qui avait dû abandonner tous ses rêves. Le « celle-là », si parlant, par rapport à cette autre qu'elle avait été, qui n'avait pas eu une Tata pour la défendre et empêcher que l'on décide pour elle de son non-devenir.

S'organisa alors, autour de ce projet d'entrée aux beaux-arts, un vrai plan de bataille.

Ma tante acheta tous les livres scolaires du programme de troisième et me les mit entre les mains. Inscrite en « candidate libre » pour l'examen du BEPC, qui avait lieu quelques semaines plus tard, j'essayai d'ingurgiter le maximum de ce programme – j'en eus quelques migraines – pour mettre le plus de chances possible de mon côté.

Et je le décrochai, ce fameux BEPC – passeport de mon envol vers ce que j'aimais –, de justesse, au rattrapage oral, grâce à deux notes maximales en français et en espagnol, et pas mal de baratin, je l'avoue… Je réussis par ailleurs à dissuader l'examinateur de mathématiques – incrédule devant la faiblesse de mon niveau – de tenter pour la énième fois, et sans doute en vain, de m'expliquer la foutue division. Il me gratifia gentiment d'un demi-point, qui m'épargnait le zéro éliminatoire. OUF.

Dans la foulée, je passai le concours d'entrée aux beaux-arts. J'y fus admise deuxième.

J'en suis encore fière.

Le messager

Ma tante eut-elle quelques doutes, ébranlée par ce qui s'était dit lors de ce « conseil de famille » ? Toujours est-il que, bien que j'aie été reçue au concours d'entrée des beaux-arts, elle voulut confirmation qu'elle ne commettait pas d'erreur à mon sujet, et m'envoya faire une évaluation dans un « centre d'orientation professionnelle d'État » – le côté officiellement national de l'entreprise devant la rassurer.

Après une batterie de tests – qui confirmèrent en gros ce que l'on savait déjà, y compris un niveau de huit ans en arithmétique –, nous eûmes, ma tante et moi, un entretien final avec un orientateur-conseil.

L'homme qui nous reçut rassura complètement ma tante :

– Elle est admise deuxième aux beaux-arts, à son âge ? C'est parfait. Que voulez-vous de mieux ? Elle est dans la voie qui correspond à ses goûts et à ses dons. Soyez tranquille !

Par ailleurs, je l'avais beaucoup amusé, cet examinateur. Ma tante, au début de l'entretien, s'était plainte que je sois si difficile à « tenir », avait raconté quelques-unes de mes frasques, mais n'avait obtenu aucune commisération de sa part, car le type était mort de rire !

Néanmoins, finalement tout à fait rassurée par lui, elle remercia, prit son sac, et je me levai pour partir à sa suite, quand l'homme dit soudain :

– Attendez… Il y a tout de même une chose qui m'embête.

Suspension de Tata avec son sac, et de la gamine déjà levée.

– Vous me dites que par ailleurs elle écrit très bien et qu'elle lit tout le temps. Or, aux beaux-arts, elle va continuellement travailler les formes, les couleurs, mais elle risque de PERDRE LE CONTACT AVEC LES MOTS.

Ce sont les termes exacts, « perdre le contact avec les mots », que cet homme intelligent, clairvoyant, prononça. Il réfléchit quelques instants, puis nous livra l'idée qui lui était venue.

– Alors, et puisque de surcroît elle fait l'andouille, pourquoi ne pas l'inscrire aussi au conservatoire d'art dramatique le soir, pour qu'elle puisse continuer à travailler des textes ?

Jamais nous n'aurions eu cette idée. J'ai encore un document de l'INA, où ma tante, interviewée à propos de mes débuts, avoue sa totale surprise en entendant cette suggestion.

J'étais tombée sur un homme exceptionnel – dont j'ignore le nom, mais que j'appelai plus tard « le messager »...

Là aussi, j'avais eu de la chance.

J'en tiens pour preuve la déplorable expérience que j'eus, une dizaine d'années plus tard, tentant de rendre à ma jeune sœur le même service, en prenant conseil pour elle dans un autre « centre national d'orientation professionnelle », à Paris.

Après des tests divers, lors de l'entretien de conclusion qui visait à définir une orientation compatible avec ses goûts, ma sœur hasarda timidement que « peut-être, un domaine artistique »...

Elle n'eut pas le temps de terminer sa phrase, coupée sèchement et péremptoirement par :

– Ah ça non, mademoiselle ! Ici, nous vous orienterons uniquement vers des métiers utiles à la nation !

Cela se passe de commentaire, n'est-ce pas ?

J'avais alors bien entamé ma carrière, je jouais chez Jean-Louis Barrault. L'« inutile à la nation » que j'étais prit donc sa sœur par la main, et claqua simplement la porte au nez de la bêtise.

Éblouissement

C'est le mot qui me vient spontanément au sujet de mon entrée à plein temps à l'école des beaux-arts de Rouen. Tout, y compris le trajet, le fabuleux décor, sans parler des activités, variées du matin au soir, concourait à cet éblouissement.

Pour m'y rendre de bon matin, je quittais les quartiers rénovés de Rouen où nous habitions, près de la gare, et, délaissant l'austère trajet au milieu d'immeubles modernes qui m'avait conduite jusque-là au lycée, je pénétrais au cœur du vieux Rouen historique. Il me fallait aller par les vieilles rues pavées bordées de maisons normandes, emprunter une des plus anciennes et magiques ruelles qui mènent à la cathédrale, puis contourner celle-ci en la longeant sur la gauche, sous les gargouilles, et continuer, sur la voie pavée s'élargissant, vers une autre église, Saint-Maclou, pour arriver enfin, un peu plus loin, à un porche antique.

Ce porche, très discret, s'ouvre sur un passage assez sombre, qui ne laisse aucunement deviner ce que l'on va découvrir, lorsqu'il débouche, une quinzaine de mètres plus loin, sur la cour d'un fabuleux monument : un cloître du XVIe siècle, l'aître Saint-Maclou, où était installée l'école des beaux-arts.

L'histoire de ce monument – l'un des plus visités de Rouen – est des plus fascinantes. Construits sur l'antique cimetière Saint-Maclou, les

Le chemin, dans le vieux Rouen, qui me menait aux beaux-arts.

quatre pans de ce cloître de style normand s'élèvent sur un sol bourré d'ossements à un petit mètre de profondeur. Ces bâtiments, pourvus de galeries (ouvertes, au XVIe siècle), furent construits pour entasser les squelettes des victimes des grandes épidémies de peste des XIVe et XVe siècles, le cimetière étant saturé. Toutes les poutres supportant le monument et les galeries sont noires et décorées de sculptures de têtes de mort, tibias entrecroisés, squelettes dansant ensemble – décoration ne laissant aucun doute sur la destination première des bâtiments. Et l'on peut voir encore la pauvre dépouille du chat (noir, sans doute) que l'on retrouva lors d'une restauration, emmuré vivant à la construction, suivant l'affreux usage moyenâgeux, afin d'éloigner le diable.

Cet endroit, de mort et de désolation à l'origine, est d'une beauté, d'un équilibre, avec sa vaste cour centrale arborée et ses proportions harmonieuses, ses larges baies vitrées à petits carreaux entre les poutres sculptées, d'une gaieté, enfin, difficiles à imaginer lorsqu'on sait son rôle originel d'ossuaire.

Je connaissais le lieu, bien sûr, pour y avoir suivi les cours du soir dans une des salles du rez-de-chaussée. Mais traverser dès le matin la vieille ville, les yeux déjà baignés de beauté et d'histoire, arriver dans ce vieux quartier – sans plus porter de cartable, c'est important ! – les mains libres, ou encombrées d'un simple carton à dessin, le cœur léger à l'idée d'aller faire du matin au soir des choses que j'aimais, c'était véritablement un émerveillement.

Le premier des émerveillements était la liberté de mouvement. Les cent cinquante ou deux cents élèves des beaux-arts n'avaient pas à se mettre en rang, ils montaient librement rejoindre leur classe, en changer au cours de la journée, suivant les diverses activités, traités en individus responsables et non comme les membres d'un troupeau. Nous

L'aître Saint-Maclou de nuit,
photographié par mon père.

n'étions pas soupçonnés en permanence de ne pas avoir fait tel devoir, ou appris telle leçon – il n'y en avait pas.

Nous n'étions soupçonnés *a priori* d'aucune bêtise, car les jeunes gens qui étaient là, et qui avaient ardemment œuvré pour y parvenir, venaient à cette école non par obligation, mais PAR AMOUR.

Je sais que je ressentis les premiers jours un soulagement indicible, qui allait jusqu'à une sorte de griserie, de n'avoir plus à être coincée, assujettie pendant des heures derrière mon dur pupitre des terminales. Une véritable volupté physique – et, du coup, morale – comparable à celle que l'on ressent lorsqu'on est enfin libéré d'une trop longue contention. On arrivait, on mettait sa blouse de travail, on ne s'asseyait pas forcément, on n'avait pas à subir en silence l'exposé d'une théorie, ni à noter proprement dans un cahier des choses à apprendre plus tard. On était tout de suite dans le FAIRE – derrière un chevalet, ou maniant de la glaise, les corrections ou les observations du professeur intervenant, pendant le travail, comme une orientation et non pas comme un verdict tombant après coup.

Et dans ce merveilleux endroit, en train de dessiner ou de peindre, on voyait de l'autre côté de la cour – une cour si changeante au gré des saisons –, derrière les fenêtres à petits carreaux, les autres élèves penchés sur leurs travaux, dans une classe que l'on rejoindrait plus tard. Et nous nous croisions en riant sous les arbres, enneigés, ou parés de leurs feuilles printanières. Nous baignions dans la beauté du lieu, ni trop vaste ni trop exigu, ni trop intime ni écrasant, animé d'une juste respiration.

Je pense tout à coup – vraiment à l'instant, en écrivant, cela ne m'était jamais venu à l'esprit avant – que le fait que ce lieu soit si chargé de mort, construit il y a des siècles spécialement pour les morts, reposant sur un sous-sol rempli d'antiques ossements, concourait peut-être à mon bien-être de vivante en ce lieu. Je refusais déjà d'aller sur la tombe de mes parents, comme aux enterrements, je ne voulais pas penser à leur disparition, et mon refus du deuil et de tout rite s'y rapportant était violent et radical. Mais la présence de quantité de morts anonymes me rassurait sans doute d'une obscure et mystérieuse manière. L'ivresse de vivre et de créer était exacerbée du fait de leur présence invisible. Ils étaient là, enfouis depuis des siècles, certes, mais nous peignions, nous dessinions, nous riions dans un endroit fait pour eux.

Et quand, une douzaine d'années plus tard, à Paris, je choisirai un endroit qui m'appartienne, un lieu de vie pour construire mon avenir de femme, où j'élèverai les enfants que par bonheur j'aurai, ce sera, aussi, au-dessus d'un cimetière… Je refusais toujours de « régler mes comptes » avec mes morts, je n'en parlais jamais, mais j'avais un champ de tombes sous mes fenêtres ! Ce choix, tout à fait inconscient, n'était sûrement pas un hasard. Et lorsque certaines personnes qui arrivaient chez moi avaient un mouvement de recul en voyant ces centaines de tombes derrière mes baies vitrées, affirmant qu'elles ne pourraient jamais vivre là, je rétorquais que ce n'était pas sinistre du tout et, au contraire, assez gai.

Mes jeunes enfants, chaque printemps, armés chacun d'un petit arrosoir, allaient arroser les fleurs sur les tombes… Mais pas celle de mes parents, bien sûr, dont ils ignoraient tout – mes pauvres parents abandonnés sous leur pierre tombale, bien loin là-bas, en Normandie, et jamais, au grand jamais, fleuris. Une telle présence des morts sous mes fenêtres, alors que je voulais encore ignorer les miens… Cela m'était nécessaire, sans doute ?

Je ne l'explique pas. Il ne faut pas tout expliquer – surtout pas ces choix étranges qui participent d'un ressort de vie salutaire, de cette alchimie assez mystérieuse, différente pour chaque être, que Boris Cyrulnik définira sous le terme de « résilience ».

Je ne pensais pas à tout cela, bien sûr, à quinze ans. Pensais-je d'ailleurs à quelque chose ? J'avais réchappé de cet acte manqué suicidaire, j'étais sortie de mon malheur scolaire, j'avais trouvé ma voie, rien ne pouvait plus m'arrêter, j'allais de l'avant, je courais – j'étais invincible !

Je ne sais si c'est toujours ainsi aux beaux-arts, mais nous devions accomplir deux années d'études générales, où nous abordions toutes les disciplines sans exception – sculpture, peinture, décoration, architecture, etc. – avant de nous spécialiser et de choisir une de ces options pour continuer notre cursus.

Il est presque inutile de préciser que l'architecture, et sa proximité avec les mathématiques, n'était pas mon fort... C'est le seul cours où je m'ennuyais copieusement. Pour le reste, j'aimais et me défendais bien dans à peu près tous les domaines. La sculpture, le modelage, toutefois, ne me rendaient pas très heureuse – j'ai un souvenir un peu pénible d'arrivée à huit heures du matin dans un atelier non chauffé où il nous fallait agripper à pleines mains, dans un grand bac en ciment, des poignées de glaise glacée et chamoisée, c'est-à-dire contenant du sable et des petits cailloux qui blessaient les doigts.

En revanche, j'étais excellente à la plume et à l'encre de chine, au croquis rapide. En calligraphie, j'avais « un beau sens des courbes » et en général un excellent « sens des proportions » – don méconnu et très utile à des tas de choses : menuiserie, cuisine, couture, entre autres.

Mais ce qui me rendait d'évidence la plus heureuse, c'était la couleur.

Passons sur la gouache et l'aquarelle qui ne me séduisaient pas vraiment, trop pauvres en textures, en odeur, puisque diluées à l'eau. Par contre, je tombai carrément amoureuse de la peinture à l'huile, de la sensualité de la matière, des enduits, de l'odeur des médiums, de la térébenthine…

S'établit assez vite une complicité particulière avec mon professeur de peinture, un homme délicieux : Robert Savary. Il avait un grand charisme, et de beaux yeux bleus d'enfant émerveillé. C'était un peintre de « l'école normande », très proche du postimpressionnisme et réputé être un peintre « matissien » – et il est vrai que l'apparente simplicité, la spontanéité, la grande luminosité de son œuvre rappellent celles de Matisse.

Mais lorsque je suivais ses cours, aux beaux-arts, je n'avais pas encore vu une seule toile de lui. C'était mon professeur, mais j'ignorais ses travaux à l'extérieur de l'école.

Il m'apprit d'abord que j'étais « coloriste ». C'est un don particulier – peut-être à peu près l'équivalent de « l'oreille absolue » pour les musiciens – qui fait que l'on sait d'instinct le mélange à faire pour trouver, ou retrouver, une couleur précise. Puis, notre connivence s'affirmant, il me dit un jour en aparté :

– Nous avons la même palette…

La « palette » particulière d'un peintre, c'est la gamme de couleurs, de valeurs, qui correspond à son tempérament et qu'il utilise en priorité. Et Robert ajouta :

– Tu peins clair, c'est rare… Au début, on a toujours tendance à peindre trop sombre.

Lorsque je fis, plus tard, la connaissance de son œuvre, je compris pourquoi nous étions proches – la même palette, effectivement, presque la même facture…

Mes deux ans d'études générales s'achevaient, celles-ci permettant aux élèves d'acquérir en chaque matière assez d'expérience pour pouvoir s'orienter vers ce qui leur convenait le mieux, et de continuer

Robert Savary, mon professeur de peinture, dans une forêt de chevalets.

à se perfectionner dans un domaine particulier pendant deux autres années.

C'est donc avec joie – une joie partagée avec M. Savary – que j'allais opter, sans hésitation, pour la « section peinture » et continuer à travailler avec lui. Nous nous en réjouissions à l'avance !

C'était sans compter avec le premier concours du conservatoire d'art dramatique, que je passai, aussi, à la fin de cette deuxième année, et qui allait bouleverser mes projets et toute ma vie…

Camarades et bifurcation

C'est un travail étrange que d'écrire un livre comme celui-ci. Il n'est pas anodin, en tout cas, de se remémorer son parcours, ses émotions, de tenter de décrypter la ligne, parfois les hasards (?) qui vous ont menés. On se surprend à garder en mémoire des détails qui vous ont profondément marqué – comme l'affreux raclement sur le plancher de ce pupitre de terminale traîné pour moi au fond de la classe de quatrième – alors que d'autres événements, qui se révéleront décisifs, sont curieusement flous, absents des souvenirs marquants.

Voilà quelques jours que je me suis arrêtée d'écrire. Je bute, impuissante, incapable de me rappeler l'autre fait marquant de cette année de mes quinze ans…

L'entrée aux beaux-arts, elle est là, colorée, tangible, avec son décor bien présent, ma joie d'y être. Par contre – et j'ai peine moi-même à le croire – je n'ai absolument AUCUN souvenir de mon entrée au conservatoire d'art dramatique de Rouen, qui dut avoir lieu presque en même temps. Pas une image, pas une impression, rien. Mémoire muette. J'en reste ébahie.

Je ne sais même plus s'il y eut une sorte d'examen ou de concours d'entrée pour être acceptée en première année. Ai-je récité une fable de La Fontaine, ou dit quelque autre texte, pour y être admise ? J'ai beau m'efforcer de rappeler à moi le souvenir d'un moment, une image de mon arrivée dans ce nouveau milieu, des premières rencontres avec les élèves, mon professeur – néant, rien ne revient, du moins des tout premiers temps de ces cours d'art dramatique.

Mais, à la réflexion, c'est peut-être normal…

Tout mon investissement émotionnel, tout mon désir, étaient dirigés vers les beaux-arts. C'est là que j'avais souhaité, voulu entrer, même en arrachant ce BEPC de haute lutte. Pratiquant dessin et peinture depuis l'âge de douze ans, je savais que j'étais douée et indubitablement « faite pour ça ».

Jamais nous n'aurions eu l'idée, ni ma tante ni moi, d'aller au conservatoire si cet orientateur ne l'avait suggéré, pour que je « ne perde pas le contact avec les mots ». Ma tante a suivi son conseil, parce que continuer à travailler des textes ne pouvait être que bénéfique à la « première en français » que j'étais par ailleurs.

Donc j'y suis allée. Comme ça. Deux fois par semaine, le soir. Et les autres soirs, toujours au cours de danse. Danse et comédie étaient en quelque sorte un délassement, une distraction après mon vrai travail : mes journées entières aux beaux-arts.

Pourquoi donc me souviendrais-je de ces premiers mois au conservatoire ? Je ne l'avais pas désiré, je n'avais jamais rêvé d'être actrice – je crois même que je n'admirais aucune vedette en particulier – c'était une expérience comme une autre, sans plus.

Au début, je dus rester pas mal de temps sur ma chaise, dans mon coin, à regarder les autres. Puis, un jour, il fallut sans doute se lancer, monter les trois marches pour aller sur l'estrade, dire un texte – mais lequel ? Mémoire muette, toujours.

Le début de mes souvenirs doit se situer quelques mois plus tard, dans la seconde moitié de cette première année. Je me souviens d'avoir déclenché une hilarité générale en me risquant dans le rôle d'Andromaque, de Racine. Jouant d'une manière tout à fait quotidienne, avec un accent rouennais encore assez prononcé – l'accent « da Rouen » est un peu un mix de chti du Nord et de parler « titi parisien » : les A sont dans le fond de la gorge, bien gras, on confond les « é » et les « è », qui deviennent indifféremment « ê », et il y a de surcroît cette manière très populaire (qu'on retrouve dans les chansons d'Aristide Bruant, au début du XXe siècle) d'inverser les lettres de certains débuts de mots ou de préfixes, « le » devient « eul », « de » devient « eud » et, par exemple, on « argarde » quelqu'un au lieu de le « regarder ».

C'est assez pittoresque, et drôle, surtout dans la tragédie classique… !

Nous avions pour professeur un homme d'un grand charisme, très chaleureux, Jean Chevrin. C'était aussi un magnifique enseignant des bases de la comédie – tenue en scène, diction, articulation, élocution, écoute de son partenaire, respiration… Il aimait les personnalités, la fantaisie, regardait ses élèves avec amour et enthousiasme. De son cours, de ce conservatoire de Rouen, sont sortis nombre de nos vedettes actuelles – Patrick Chesnais, Franck Dubosc, Valérie Lemercier, Karin Viard, Virginie Lemoine, et bien d'autres excellents comédiens. Cet endroit était ce que d'aucuns définissent comme « une pépinière de talents » – c'est qu'il y avait donc un bon jardinier…

Le « messager » du centre d'orientation m'avait envoyé là pour travailler des textes, et certes, oui, je faisais connaissance avec de beaux auteurs, je les lisais, je m'y « frottais » en scène. Mais ce n'était pas cela qui me maintint assidue à ces cours, cela n'aurait pas suffi. Ce qui m'a attachée, c'est une découverte humaine autrement importante, bouleversante : pour la première fois de ma jeune vie, j'avais DES CAMARADES.

Au lycée, n'en parlons pas, aucune véritable relation ne s'était nouée au milieu de cette « mer de gamines », pour la plupart de deux ou trois ans plus jeunes que moi. Et de plus, je l'ai dit, ma haute taille n'arrangeant rien, j'étais ce « cas à part », cette orpheline haussée sur son grand pupitre, et sur sa douleur tue, comme dans une tour d'ivoire.

Puis aux beaux-arts, que j'aimais si fort, c'était le FAIRE, les activités, qui me passionnaient. Mais on ne dessine pas à deux, on ne peint pas à trois ou quatre ensemble. On est seul face au papier, au chevalet, ce sont des travaux, des recherches solitaires. Sous le regard bienveillant d'un professeur – voire complice et amical comme celui de Robert Savary au cours de peinture –, mais ce ne sont pas des camarades. Et des élèves qui partagèrent avec moi ces deux années d'atelier je n'ai aucun souvenir. Je ne me fis aucune amitié, aux beaux-arts, on pouvait passer des journées entières sans parler aux autres, concentré sur son ouvrage. Seule, encore, avec mes rêves.

Et voilà que deux fois par semaine, le soir, je découvrais un groupe de jeunes gens qui riaient, parlaient, répétaient ensemble. Bien obligé, pour jouer, de regarder l'autre, de parler à l'autre, de l'écouter, de l'aider à l'occasion, de discuter du texte, de ses sentiments.

Jean Chevrin faisait partie de cette école – la seule bonne à mon sens – qui prône que « aider l'autre c'est s'aider soi-même, meilleur sera ton partenaire, meilleur tu seras ». Excellent principe, que ne mettent pas en pratique, je le verrais plus tard, certains comédiens qui « se tirent dans les pattes », croyant ainsi se mettre en valeur au détriment de l'autre. On ne leur a pas appris que la méthode généreuse est plus efficace, et même plus « payante » !

Au conservatoire de Rouen je découvrais donc l'échange, l'entraide, les fous rires, le bonheur d'être dans l'émulation, la complicité, le regard des autres – qui n'était pas exempt, d'ailleurs, d'amicale raillerie, mais cela faisait partie du bonheur d'être ensemble et de se CONNAÎTRE.

La bohème

C'est ainsi que je fus embarquée, oui, littéralement happée vers un autre horizon. Il n'y eut pas de réflexion, on ne lutte pas contre pareille injonction du sort. Elle s'impose d'évidence et on suit, on va, il n'y a pas à résister, surtout quand on navigue dans la vie dans un léger état de somnambulisme. Et puis – circonstance décisive, car je ne sais pas si je serais partie seule – tous mes meilleurs copains « montaient » aussi à la capitale par la même occasion, qui au conservatoire avec moi, qui au « Centre de la rue Blanche », autre très belle école.

Il fallut vite s'organiser pour une installation à Paris, quasi en catastrophe. Aucun de nous n'avait les moyens d'avoir un studio personnel, nos familles respectives étant très modestes. Mais l'un de nos camarades, par chance, avait la jouissance d'un deux pièces appartenant à sa grand-mère, à La Garenne-Bezons, en proche banlieue – petit appartement sinistre, sans chauffage et sans salle de bains, mais qui devint d'une gaieté folle lorsque nous nous y installâmes à cinq pour y vivre ! Nous nous partagions un grand lit – réservé en priorité au petit-fils de la grand-mère logeuse, privilège normal du quasi-« propriétaire » – un petit lit, un lit de camp et un matelas pneumatique, ce dernier étant le pire lorsque c'était son « tour » de dormir dessus : on roule par terre quand on veut se retourner la nuit. Lit de camp et matelas pneumatique trouvaient leur place sous la table où nous prenions nos repas, faute d'espace disponible ailleurs. Le ménage, la propreté des vêtements étaient extrêmement approximatifs…

Nous mangions beaucoup de nouilles, de sardines en boîte, nous répétions nos scènes couverts de nos manteaux. Un jour d'hiver, grelottants, nous allâmes jusqu'à casser une des vieilles chaises de la grand-mère pour la brûler dans la cheminée, tant nous avions froid. Le premier levé allumait tous les feux de la cuisinière à gaz pour chauffer un peu la minuscule cuisine, avant de faire tant bien que mal sa toilette au robinet d'eau froide de la cuisine, et on prenait le train de banlieue pour Paris à huit heures du matin.

Cette cohabitation pauvre et joyeuse, une vraie bohème, dura pour moi un peu plus d'un an.

Les beaux-arts étaient déjà bien loin, comme le rêve d'une autre vie que l'on fit un jour… Avais-je seulement dit « au revoir », annoncé à Robert Savary que je n'entrerais pas dans sa classe ? Je ne m'en souviens plus. Probablement non – l'embarquement pour ailleurs avait été si brutal et soudain…

« Embarquée », oui, c'est bien le mot, dans cette nouvelle vie, cette nouvelle perspective : la Comédie. Et pour bien me prouver qu'il n'y avait pas de retour en arrière possible, un des professeurs du conservatoire de Paris me remarqua dès la rentrée, et trois mois plus tard j'étais sur scène dans un rôle principal !

La petite comédie charmante que je jouai au théâtre Michel ne méritait pas mieux que les trente représentations minimales qui sont de règle au théâtre en cas de non-succès, mais l'expérience avait au moins eu cette importance : transformer la jeune élève que j'étais en professionnelle du spectacle, d'emblée.

Il est d'ailleurs curieux que ce soit un professeur, Jean Meyer, qui se soit arrogé le droit de m'engager, car les élèves ne devaient pas se produire sur scène avant la fin de leurs études. Il fallait demander à la direction une dérogation – ce que Meyer obtint sans peine pour moi, je suppose, en tant qu'enseignant dans l'école même – et ne pas jouer sous son nom d'élève. C'est-à-dire que l'on devait prendre un pseudonyme.

Ce n'est pas anodin de se choisir un nom d'artiste. On se crée une nouvelle identité, on se baptise soi-même, on se dédouble – il y a le «vrai nom» pour le privé, et le «nom d'artiste» pour à peu près tout le reste et tout le monde.

Je n'étais pas mécontente d'avoir à changer de nom. J'avais de mauvais souvenirs de moqueries des gamines, à l'école, qui raillaient ma taille et ma minceur en transformant «Legras» en «La Grande» ou «La Maigre» – c'est puéril, mais ça marque…

L'acteur Jacques Legras, à l'époque, était très célèbre avec ses «caméras invisibles» – on allait me demander sans arrêt si j'étais sa fille…

Mais, surtout, je crois que j'eus une satisfaction secrète à renier le nom de mon père, de mes parents, à qui j'en voulais si fort d'être morts – « puisque c'est comme ça, puisque vous m'avez laissée seule, je ne porterai plus votre nom, je M'INVENTE ! »

Après avoir cherché dans tous les noms d'oiseaux, je choisis le patronyme de ce grand-père – qui n'était nullement mon véritable grand-père, mais le troisième mari de ma grand-mère paternelle –, charmant, coiffeur et joueur de mandoline, M. Duperray, en le modifiant quelque peu.

Ainsi donc je me suis recréée dès mon arrivée à Paris, les circonstances, l'obligation de ne pas jouer sous mon vrai nom me l'imposant. Je laissais derrière moi le pays de mes morts, leur patronyme, la somnambule ainsi allégée pouvait commencer à s'inventer une vie, plus légère, nouvellement réincarnée sous ce nouveau nom.

J'avais eu le temps d'expérimenter, pendant ce mois de représentations théâtrales, qu'être sur scène comblait chez moi un manque, me réconfortait. Si clairsemé que fût notre public pour cette charmante piécette, j'avais ressenti que le regard des autres, et l'interprétation d'un personnage, me procuraient un « supplément d'existence ». Si paradoxal que cela puisse paraître, créer une fiction, une illusion de vie devant un certain nombre de spectateurs démultiplie et rend tangible votre RÉALITÉ.

Vous maîtrisez l'espace, défini par la scène, la manière de le remplir, de bouger à l'intérieur, les mots et les sentiments exprimés. Vous reproduisez la VIE, et ce – ô merveille pour une que la vie a méchamment blessée par surprise – sans qu'elle puisse vous prendre au dépourvu, puisque tout est défini auparavant, et qu'il ne tient qu'à vous que tout se déroule sans imprévu ni accident. Même les émotions violentes, comme les pleurs, la colère ou le drame, ont été répétés, on en prépare la montée, ou le surgissement. On exprime sincèrement ces sentiments en scène, on pleure de vraies larmes, mais rien ne vous submerge par surprise, tout ce que vous exprimez est « sous contrôle ».

Un temps de vie en mieux, quoi, en plus sûr. Et partagé par un certain nombre de témoins, les spectateurs, qui garderont ce moment de vie en mémoire, corroborant ainsi sa réalité. C'est ainsi – sans que je le définisse clairement lors de cette première expérience professionnelle, à dix-sept ans, mais le ressentant profondément, j'en suis certaine – que je reconnus que ce métier m'allait bien. Exprimer des sentiments, sans risque émotionnel, en complicité avec des camarades, devant un public, des regards, pour doublement exister en tant que soi et son personnage. Abolition de la solitude, maîtrise et contrôle – quoi de mieux, de plus rassurant pour une gamine traumatisée par l'horrible surprise de trouver ses parents par terre, et qui avait couru dehors hurler sa détresse ? Pendant que je jouais, au moins pendant la durée d'une représentation, la terrible image en filigrane qui m'accompagnait partout ne pouvait plus exister. Abolie. Effacée…

Je suivis pendant deux années les cours du conservatoire de Paris, avec le célébrissime René Simon, qui en dirigeait une des classes, parallèlement à son cours privé. Jean Chevrin, avant d'être responsable du conservatoire d'art dramatique de Rouen, avait été jeune professeur dans le fameux cours Simon – c'est donc tout naturellement que ses élèves entraient à Paris chez « le Patron ».

Je ne me souviens pas d'avoir énormément travaillé, chez le « Patron »… Chaque fois que je réclamais son attention pour répéter une scène d'examen trimestriel, par exemple, il me tapotait le dos en disant :

– Ça ira, ça ira…

Puis, sachant que j'avais très peu d'argent pour me nourrir, il ajoutait, paternel :

– Viens, j't'emmène bouffer.

Une fois par semaine environ, il m'emmenait donc, près de son cours privé, dans le 7e arrondissement, et m'offrait un festin dans son restaurant favori – j'ai un souvenir ému de sa générosité, et surtout du fabuleux chariot de desserts de D'Chez Eux !

Donc, on ne travaillait pas énormément avec René Simon, mais on l'écoutait, car il nous parlait beaucoup. Et ce qu'il nous disait était très important, au moins aussi important que de répéter une scène en détail – il nous enseignait une moralité, une éthique de ce métier de comédien-artiste, et c'était formidable. Je me souviens qu'il professait, notamment, qu'il fallait que nous gardions un esprit et un corps sains, car « pour durer dans ce métier, il vous faut une santé morale et physique de paysan ». Il avait, ô combien, raison !

Lors de ma deuxième année, je travaillai également au théâtre – encore une dérogation ! – car Elvire Popesco m'avait engagée pour jouer à ses côtés dans *La Mamma* au théâtre Marigny. Grande leçon aussi, tous les soirs, auprès de cette comédienne et de cette personnalité hors normes.

Gagnant ma vie pendant quelques mois, j'en profitai pour déserter le deux pièces à La Garenne-Bezons. Les copains gagnaient un peu de place, et moi j'emménageai dans mon premier studio : quatorze mètres carrés et une baignoire – un palace !

Je me sentais de plus en plus à l'aise dans ce métier, qui m'avait adoptée avant que je ne le choisisse vraiment. « T'es de la roulotte », me disait Marcel Dalio, rencontré quelques fois.

Pourquoi est-on naturellement « de la roulotte », alors que certains qui aimeraient tellement « en être » ne le seront jamais, même avec du talent ? Mystère de ce métier, qui reconnaît les siens, envers et contre toutes les volontés – et même non-volontés, en ce qui me concerne…

Aucun rêve de carrière, de vedettariat, de grands rôles mythiques, de statut privilégié de « star » (mot imbécile décliné à n'importe quelle sauce ces dernières années). Mais j'aimais la complicité avec les partenaires, l'artisanat de ce métier, et bien le faire, le plus honnêtement et généreusement possible. Et puis les rencontres, avec des personnalités si variées, et le terrain d'entente à trouver pour travailler ensemble.

Lors de ma troisième année de conservatoire, nantie d'un troisième prix récolté lors de mon concours de fin de deuxième année, je fus convoquée par le directeur de l'époque, Roger Ferdinand, qui fut très clair : interdiction de travailler à l'extérieur, plus de dérogation pour jouer au théâtre, car cette année allait être décisive, en vue d'un engagement probable à la Comédie-Française.

– Il y a dans la Maison un emploi pour vous, me dit-il précisément.

Je me souviens de lui avoir répondu :

– Mais je n'ai pas de papa, et pas de « monsieur » pour m'entretenir. Si je ne joue plus, comment vais-je me débrouiller pour vivre avec trois cents francs (environ soixante euros) de bourse par mois ?

Il n'y eut pas de réponse à cette question pragmatique.

Et puis l'« emploi » que l'on prévoyait pour moi ne me disait rien… Cette question de l'EMPLOI sévissait encore très fort, à l'époque, au théâtre. On était « jeune première », « premier rôle » ou « soubrette », « tragédienne » ou « comique », et il était très difficile de sortir de ces catégories une fois qu'on vous y avait catalogué. En ce qui me concerne, dès mes débuts à Paris, je sus que ma taille, mon allure, un certain port de tête acquis à la danse, me destinaient en priorité aux « grandes coquettes ».

Les « grandes coquettes » !! Tout ce qui m'ennuyait ! À chaque examen, je me battais pour échapper à l'horripilante « Dorimène », ou à « la Parisienne » de Becque – en vain. On voulait à toute force me pousser dans cet emploi, dans lequel j'étais d'ailleurs très mauvaise, tant il était contraire à mon tempérament.

Non. Les ors et les honneurs de la Comédie-Française n'étaient pas pour moi, trop indisciplinée, trop instinctive. Je m'en allai du Conservatoire pour entamer mon « parcours sauvage »…

Les années folles

«Sauvage» est bien l'adjectif qui convient pour qualifier le temps qui suivit mon départ du Conservatoire et qui dura peu d'années, heureusement…

On proposait des films à la jolie fille que j'étais, ni très bons ni mauvais. Je les acceptais, sans critère de choix, comme ils venaient. Je m'étais, depuis la pièce avec Elvire Popesco, éloignée du théâtre, n'ayant pas eu le temps de me faire de vraies relations professionnelles dans ce milieu du théâtre privé.

J'avais émigré de mon quatorze mètres carrés à un grenier un peu plus grand, que je louais toujours en «meublé», ne voulant m'attacher à rien. Les seules choses que je possédais étaient une machine à coudre et une boîte de couture, car, de tradition familiale couturière, je cousais mes vêtements. (Un psy dirait peut-être que je me fabriquais une seconde peau protectrice, une sorte d'armure personnelle sur mesure pour affronter le monde?)

Je me faisais des maxi-jupes souples qui favorisaient ma silhouette en pleine époque des minijupes, j'inventais des manches kimono pour cacher mes larges épaules avant que Kenzo ne les mette à la mode, et je tricotais d'immenses pulls longs, cinquante ans avant l'*oversize* actuel. En somme, je «m'inventais» en ne respectant aucun code.

L'œil assombri, et armée jusqu'à la pointe des cils.

Je me maquillais beaucoup. « Me peindre » serait plus juste – je me peignais un visage, des yeux différents, alliés à une silhouette flottante. Je m'amusais avec moi-même, avec mon image, je sortais masquée et déguisée.

C'était le début des années soixante-dix. Les événements de 1968 avaient glissé sur moi comme l'eau sur les plumes d'un canard. Je n'étais ni étudiante ni révoltée – contre quoi, contre qui ? J'étais en dehors de tout, hors société, je ne comprenais rien à ce qui se passait. Cela ne me concernait aucunement.

Mais je profitais amplement de la libération des mœurs, en cette époque bénie de la pilule sans le Sida. Je couchais beaucoup, à droite, à gauche, sans relation sentimentale, suivant mes désirs, et je n'hésitais pas à faire les premiers pas lorsqu'un homme me plaisait – aucune notion, là encore, d'un code d'approche, de coquetterie. Je ne comprenais rien non plus à la supposée complication des rapports hommes-femmes. Quelle notion aurais-je pu en avoir, moi qui n'avais été élevée avec aucun homme et aucun exemple de couple ? Un homme, c'était simplement quelqu'un comme moi, avec un petit quelque chose en plus – agréable, d'ailleurs –, mais sans différence fondamentale.

Libre et sauvage, oui. Je crois que durant ces années-là je fus au plus fort de mon état de somnambule-funambule. D'ailleurs, lorsque je revois des photos de moi à cette période de ma vie, j'y vois une étrange fixité du regard, une opacité. Mes yeux très maquillés ne sont même plus bleus mais étrangement sombres – comme le devient la prunelle des chats lorsqu'ils sont en état de chasse, ou de peur. Je crois que ma négation de la faiblesse et du questionnement sur moi-même frôlait une sorte de folie…

Je ne revenais presque jamais plus à Rouen. Mais j'écrivais à ma tante, le lien avec elle persistait fortement. J'aimais cette femme à l'esprit fort et original. Elle restait mon repère, même à distance.

L'œil toujours aussi sombre, dans une robe conçue par Yves Saint Laurent pour le film *Stavisky*, d'Alain Resnais.

En revanche, j'appris sans émotion la mort de ma grand-mère paternelle, qui vivait pourtant avec nous et que j'avais côtoyée tous les jours depuis la mort de mes parents et jusqu'à mon départ à Paris.

Nous n'avions guère eu de rapports intimes, et sa dépendance à la religion m'agaçait beaucoup – comment une femme qui avait eu tant de mal à élever ses trois enfants quasi seule, trois fois veuve, pouvait-elle clamer « c'est ma faute, ma très grande faute », manger le gras et la couenne du jambon parce que c'était « bien assez bon pour elle » et aller tous les jours se confesser de péchés qu'elle n'avait pas commis ? Cela me révoltait.

Un jour, elle était revenue à la maison très en colère, car le prêtre, à bout de patience, l'avait mise à la porte de l'église en lui disant : « Vous reviendrez quand vous aurez quelque chose à me dire ! » Ce jour-là, devant le visage ulcéré de ma grand-mère, j'avais eu l'un des plus sauvages fous rires de mon adolescence ! Sa bigoterie, cette auto-culpabilisation maladive, contribuèrent beaucoup à mon éloignement définitif de la religion chrétienne.

Je crois que j'allai tout de même à son enterrement, par affection pour ma tante qui se retrouvait seule. Et je m'enfuis très vite pour revenir à ma vie parisienne – ma drôle de vie emplie de hasards et de n'importe quoi, de travail parfois, d'aventures d'un jour ou de quelques nuits, un temps où je me frottais aux autres sans me réchauffer ni adoucir une profonde solitude intérieure.

J'aurais pu tomber dans un alcoolisme précoce. Mais si par hasard je buvais dans une soirée, c'était beaucoup, n'importe quoi et très vite, sous l'emprise d'une violente pulsion. J'avais, à dix-huit ans, déjà deux comas éthyliques à mon actif. L'un à l'occasion d'une première sortie à Rouen avec mes copains, l'autre peu de temps après mon entrée au conservatoire de Paris – avec les mêmes copains, heureusement, qui avaient pris soin de moi et appelé un médecin en catastrophe. Je n'avais aucun sens de la mesure. L'ayant reconnu, je me méfiais de moi-même…

La drogue eût pu être un autre danger, peut-être une tentation suicidaire pour l'être sans attaches, aux perspectives floues, que j'étais alors. Heureusement, pour ce qui concerne les saloperies que l'on doit s'injecter, la seule vue d'une seringue me faisait tourner de l'œil. Quant au haschich, omniprésent dans toutes les soirées – on fumait énormément, partout, après 68 ! – cela ne me tentait guère, vu l'état des quidams mollement affalés ou riant pour n'importe quoi qui peuplaient les canapés. Je trouvais cela d'un ennui mortel.

J'essayai pourtant par deux fois de fumer un joint, et j'eus droit à des réactions on ne peut plus dissuasives… Cela commença par une insensibilité des doigts, des mains, qui m'effraya. Je criai : « Je ne sens plus mes mains ! » en les frappant sur le rebord de la table. Je me souviens que quelqu'un dit, entre deux bouffées de son pétard personnel : « Mais arrêtez-la, elle va se casser les doigts. » Le plus effrayant vint quelques minutes après : j'étouffais. Je ne pouvais vraiment plus respirer. Je me précipitai à une fenêtre, me penchant au-dehors pour désespérément aspirer un peu d'air. On m'agrippa, de peur que je ne bascule dans le vide. Crise de nerfs, étouffement à son comble, serviettes mouillées d'eau glacée pour calmer la forcenée… Un vrai succès !

Il faudra quelques dizaines d'années pour que j'interprète ce qui s'était passé en moi, la raison de ces réactions disproportionnées.

Plusieurs médecins, après avoir lu *Le Voile noir*, m'apprirent que j'avais été à demi asphyxiée moi-même au monoxyde de carbone, le matin de la mort de mes parents, et que c'est pour cette raison que j'étais restée inerte dans mon lit, tête lourde, bras et jambes incapables de bouger – la torpeur mortelle, la lente asphyxie… Mais ma mère, en tombant au sol, avait fermé la porte de la salle de bains. Le gaz mortel ainsi confiné dans la petite pièce les avait achevés, tandis que je reprenais peu à peu mes esprits.

Je pense que les premières sensations que procure le haschich m'ont rappelé le malaise que j'avais éprouvé ce matin-là, ce sentiment de perte de contact, d'insensibilité – réminiscence absolument effrayante. L'étouffement était peut-être un rappel de mon début d'asphyxie. Ou tout simplement une crise de panique, d'être ainsi sensoriellement ramenée au nœud dramatique de ma vie.

De toute manière, la réputation du « lâcher prise » que procurait cette drogue aurait suffi à m'en éloigner – comment prendre ce risque, alors que je ne tenais debout que grâce à un hypercontrôle de mes émotions ?

Donc, pendant ces trois ou quatre « années folles », j'échappai à pas mal de dangers. Mais il faut dire que depuis mes quinze ans j'avais été nourrie de bon et de beau, d'abord pendant mes quatre années aux beaux-arts, puis aux conservatoires de Rouen et de Paris. Je n'aurais pu trouver meilleurs guides que Robert Savary, Jean Chevrin et René Simon, des êtres magnifiques d'intelligence et de générosité, qui m'avaient profondément marquée. Dans ma sorte d'errance, il m'en restait un acquis précieux.

Et je ne compte pas pour rien un solide atavisme paysan, bon sens et pragmatisme hérités de mes ancêtres…

Ma douleur secrète me tenait compagnie. Je la soulageais de loin en loin par d'énormes crises de larmes dont je sortais comme lavée – pour un temps…

Et peut-être aussi bénéficiais-je – qui peut le dire ? – d'une protection beaucoup plus mystérieuse…

Au moment où, sans doute, je commençais à ressentir un malaise confus, il se passa un tout petit incident qui eut sur moi un effet d'électrochoc.

J'étais sur un tournage – je ne sais plus du tout lequel, mais nous étions dans un studio, en « intérieur » –, assise près du décor en attendant que les lumières soient prêtes pour le prochain plan. Le producteur et le metteur en scène discutaient à une dizaine de mètres de moi. Je perçus quelques phrases : « On a eu de la chance, elle n'est pas mal... Ç'aurait pu être une catastrophe si elle avait été incapable d'aligner trois mots... On a eu du pot. » Comme ils regardaient dans ma direction, je me retournai instinctivement pour voir de qui ils parlaient.

Il n'y avait personne derrière moi.

L'expression « mon sang ne fit qu'un tour » est tout à fait adaptée à ce que je ressentis en cette seconde, où je compris qu'on parlait de moi en ces termes. Et encore ce sang était-il bouillant d'incrédulité, de colère, d'humiliation. On n'attendait donc rien de mieux de moi que d'« aligner trois mots » correctement ? On avait juste engagé la jolie fille, en priant pour qu'elle ne soit ni trop gourde ni trop mauvaise comédienne ? Moi ?! MOI qui avais fait quatre ans de conservatoire, travaillé les classiques, eu des premiers prix de comédie ? Cela ne comptait pour rien aux yeux de ces gens-là, seule mon image les avait intéressés.

Je restai clouée sur ma chaise, sans réaction et le cœur battant la chamade. Et je pensai : « Si je continue comme ça, je suis perdue. » Ce furent ces mots, exactement, qui me vinrent à l'esprit – comme me viendront plus tard, de loin en loin, des mots ou petites phrases, prises de conscience ou avertissements, tout aussi précis, et qui me resteront aussi nettement en mémoire.

C'est le malheur – tout relatif ! – des jolies filles comme des trop beaux garçons, qu'on soupçonne toujours *a priori* d'être stupides et sans talent. Aurais-je dû être si choquée par les propos que j'entendis ? Étais-je si fière, pour être blessée qu'on ne me considère pas mieux, moi qui faisais à peu près n'importe quoi à cette époque de ma vie ?

Il paraît qu'il suffit d'un claquement de doigts pour réveiller un somnambule. Je crois que cette petite scène eut cet effet sur moi : un brusque réveil d'une longue inconscience morale, d'une torpeur artistique, un sursaut de lucidité salutaire.

Je pensai : « Il faut que je revienne au théâtre. Il le faut absolument ! »

C'est peut-être le seul moment de ma vie de comédienne où j'opérai un véritable choix, et je mis tout en œuvre pour y parvenir. D'abord, remettre en forme l'« instrument » – je repris la danse avec acharnement, commençai aussi des cours de chant, me remis à lire beaucoup. Je refusai un ou deux films, plutôt mauvais, en expliquant à mon banquier que je devais opérer un virage important dans mon métier et qu'il fallait qu'il m'autorise un découvert, mon compte étant rapidement à sec. (J'en profite pour exprimer ma reconnaissance à M. Soubrane, mon interlocuteur d'alors au CIC, pour m'avoir fait confiance, permis de vivre presque un an en planquant mon dossier lors des contrôles périodiques des comptes par la direction – chose que l'on pouvait encore faire, avant l'arrivée de l'informatique. Même s'il n'est plus de ce monde, quarante-cinq ans après, je le remercie chaleureusement !)

Au bout de cette année où je ne vécus tout de même pas complètement comme une sainte (...), l'on m'invita à une grande soirée donnée par Guy Béart, dans sa propriété aux environs de Paris. Je savais, de réputation, que Béart aimait beaucoup s'entourer de jolies filles, et j'hésitai à aller une fois de plus faire « la fleur exotique » – comme je le disais moi-même – à cette soirée on ne peut plus mondaine. Au dernier moment, je me décidai.

Or, il y avait parmi les invités Jean-Louis Barrault et Madeleine Renaud... J'allai hardiment me présenter à eux, disant que j'étais sortie du Conservatoire et que je voulais refaire du théâtre – comme je le clamais partout depuis une année.

Avec Michel de Ré, dans première pièce que je jouai dans la troupe Renaud-Barrault, à l'Élysée Montmartre, *Jarry sur la Butte*, dans le rôle à demi-dansé de Messaline.

Jean-Louis me considéra de son œil aigu, et me dit :

– Est-ce que vous dansez ?

– Bien sûr ! Je prends des cours de danse classique depuis l'âge de onze ans !

– Alors venez me voir demain. J'ai peut-être un rôle pour vous, mi-joué, mi-dansé. Le chorégraphe est un garçon de l'Opéra, venez à l'Élysée-Montmartre, à Pigalle, je vous verrai avec lui.

C'est ainsi que je repris pied dans le bel artisanat de ce métier, jouant et dansant le rôle de Messaline dans *Jarry sur la butte*, sous l'œil paternellement amoureux de Jean-Louis, avec une troupe de comédiens magnifiques, me peignant tous les soirs le visage et la moitié du corps comme un tableau de Gustave Doré, et, qui plus est, dans ce lieu, entre Montmartre et Pigalle, dédié originellement à la lutte et au catch, où nous étions entourés de tous côtés par les spectateurs, jouant sur la piste centrale, comme dans un cirque…

Un jour, j'entrerai en peinture

Presque face à la table où j'écris, dans un coin de la baie vitrée de la petite maison parisienne où je vis à présent, il y a un chevalet. À côté, des étagères en bambou sont chargées de pinceaux, couteaux à peindre, bouteilles de médiums, et au moins quarante tubes de couleurs à l'huile attendent. Des châssis entoilés encore vierges sont empilés au sous-sol.

À la campagne, dans la Creuse, lassée d'étaler des plastiques pour protéger les sols lorsque je voulais « m'y remettre », je transformai carrément un petit bâtiment, originellement un pressoir, pour en faire un magnifique atelier nanti de deux baies vitrées, avec de grands Velux en toiture, qui donnent une des meilleures lumières pour peindre, car orientés principalement au nord et à l'est. Là aussi, de nombreuses étagères, qui occupent tout un mur, supportent un matériel varié, additionné de boîtes de pastels, papiers en tous genres, et au moins vingt châssis de toutes tailles sont empilés derrière deux beaux chevalets d'atelier.

Bien avant cela, à vingt-sept ans environ – moins somnambule mais toujours funambule –, lorsque je cherchais à acquérir un lieu pour me construire une vie plus stable, je passai mon temps à reluquer tous les hauts d'immeubles, irrésistiblement attirée par les verrières des « ateliers d'artiste » qui les dominaient parfois. Je restais des minutes

Dans mon atelier creusois,
copiant *Arums, iris et mimosas*, de Matisse…

entières plantée sur le trottoir d'en face, tentant d'imaginer « comment c'était » à l'intérieur de ces lieux, pour moi magiques.

Bien entendu, aucun des appartements « normaux » que je visitai ne me plut – il me fallait un atelier, mon fantasme. Et celui que je trouvai surplombait un cimetière, tandis que la rue voisine abritait un marché – un côté mort, un côté vie, il était fait pour moi !

Un fantasme, oui. Mais très vivace, très prégnant. Je sais pertinemment d'où il vient, bien sûr : de cette bifurcation si brutale qui m'amena vers la Comédie alors que je me destinais à la peinture. Or, si impérieux qu'ait été ce virage – ce rapt, quasi –, il m'en reste un sentiment d'arrachement douloureux. La nostalgie ne concerne pas uniquement ce qui fut et n'est plus, on peut aussi être nostalgique de ce qui aurait pu être et n'a pas été.

J'ai connu certaines personnes qui aimaient la mer et dont le rêve – à la réalisation toujours ajournée à cause du travail, des enfants, de la vie, quoi – était : « Un jour, je prendrai un bateau et je ferai le tour du monde ! »

Moi, durant toute ma vie et encore maintenant, puisque je ne l'ai pas fait, je me suis promis : « Un jour, j'entrerai en peinture. »

À l'instant, en écrivant ces mots, je suis saisie d'une brusque bouffée d'émotion et je pleure, à ma propre surprise... Comme ce rêve, cette vocation avortée, reste donc sensible !

Loin de moi l'idée de me plaindre, bien sûr. J'aime mon métier de comédienne, il m'a apporté et continue de m'offrir des joies incommensurables, des rencontres et des amis précieux, il m'a aussi permis de bien vivre et d'offrir à mes enfants une existence confortable. D'autre part, j'ai fait un beau chemin dans l'écriture, mon « fil rouge » intérieur. Non, il ne s'agit pas de regretter quoi que ce soit de ce qui a fait ma vie artistique si riche et passionnante.

Mais, « un jour, j'entrerai en peinture »... ??

D'aucuns rétorqueront que mon métier de comédienne me laisse d'énormes plages de liberté entre les tournages, ou des journées entièrement libres avant d'aller jouer au théâtre le soir. Mes enfants sont grands et indépendants, je n'ai plus aucune entrave, alors qu'est-ce qui m'empêche de prendre les pinceaux et de m'y mettre, puisque j'ai bien assez de temps disponible ?

Certes, je le fais, de loin en loin, juste pour vérifier que les dons sont toujours là. Et comme ils sont toujours là, certains, trouvant quelques-uns de mes tableaux séduisants, s'exclament : « Mais vous êtes peintre ! Pourquoi n'exposez-vous pas ? » Je rectifie alors par ce que je pense être l'exacte vérité : « Non, je ne suis pas peintre, je suis quelqu'un qui peut faire de jolis tableaux. » C'est très différent. Et je respecte trop les vrais peintres, la peinture, pour m'arroger le droit d'exposer alors que je n'ai pas fait le dixième du chemin qui me permettrait de me considérer moi-même comme « artiste peintre ».

« Il faut dix ans pour faire un comédien », disait René Simon. Car, dans la Comédie, nous sommes nos propres instruments, et pour jouer de soi, de son corps, de sa sensibilité, il faut apprendre à bien se connaître afin d'utiliser au mieux cet instrument spécifique, avec lequel, pourtant, on ne fait qu'un. Comment déjouer ses propres pudeurs, ses blocages, laisser s'exprimer les émotions, et même profiter de ses défauts – nous sommes tous des instruments différents. Aucune méthode n'est valable pour tous. Il n'y a pas de solfège, en Comédie.

De même, je pense qu'il faut bien dix ans pour faire un peintre. À l'exception, peut-être, de certains génies naturels – et encore, je ne crois pas que les plus fortes natures aient échappé à un apprentissage et à un travail acharnés pour acquérir leur liberté d'expression originale, et cette apparente facilité.

Car il faut, pour parvenir à découvrir sa vraie nature de peintre, l'expression de sa personnalité particulière, son langage pictural à soi, qui fait que l'on reconnaît immédiatement la main de tel ou tel artiste – comme on doit trouver sa « voix » en littérature – il faut d'abord « arrêter de peindre comme on aimerait peindre ». C'est-à-dire faire fi de ses admirations, de ses maîtres, et même de ses goûts – car le langage pictural qui ressemblera le mieux à ce que vous avez profondément à exprimer, votre « voix » unique, ne ressemblera peut-être pas à ce qui vous séduit le plus.

La peinture sincère, originale, à soi, sans aucun modèle dans la tête, épurée de toute référence – que de travail, que de temps pour y parvenir ! Personnellement, il faudrait que j'arrête d'avoir devant les yeux, en pensée, un petit Bonnard, ou un Dufy, dès que j'attrape un pinceau...

Je ne me facilite pas la tâche, bien sûr, en plaçant si haut cette exigence, en en faisant la condition d'une réelle « entrée en peinture ».

Ma belle amie Béatrice, qui peint aussi, m'estomaque par sa liberté, son aisance à s'installer pour peindre n'importe où, pourvu qu'elle ait un peu de place. Elle étale ses papiers, attrape une toile, ses couleurs, empoigne ses pinceaux, et s'y met sans états d'âme, où qu'elle soit, et quels que soient ses travaux parallèles. Chambre d'hôtel, loge de théâtre, qu'importe – elle a même réussi à peindre entre deux scènes d'une pièce qu'elle jouait !

Je n'ai pas cette facilité. Bien sûr, on peut se dire qu'on a les empêchements qu'on se crée soi-même, et qu'il ne tiendrait qu'à moi, peut-être, d'avoir cette liberté, cette souplesse. Mais ce n'est pas si simple...

Par exemple, je ne peux jouer la comédie et me lancer « en écriture » en même temps. La seule fois où j'ai tenté de le faire, parce que j'étais dans un chapitre en cours et que je ne voulais pas stopper sa rédaction

…et *Le Panier d'oranges*, d'après Matisse également.

alors que je commençais un tournage, j'ai pris trois points de tension du jour au lendemain !

Quand j'écris à la campagne, je rêve de noircir ma page quotidienne le matin et de peindre l'après-midi : le luxe ! Je n'ai jamais pu.

Moi qui suis réputée faire « des tas de choses », je ne puis en accomplir qu'une seule à la fois. Comme si chacune de ces activités artistiques réclamait un fonctionnement spécifique, des « emplois de soi » différents, qui ne s'accordent pas. L'orientateur-messager de mon adolescence avait bien raison, lorsqu'il pressentait que m'occuper de couleurs et de formes du matin au soir me ferait perdre le contact avec les mots. Inversement, travailler les mots me rend aveugle aux formes, inapte à la couleur – cela ne va pas ensemble.

Et quand je joue la comédie, je ne peux ni écrire ni peindre. Comme si l'extériorisation du jeu, l'état de représentation était absolument contraire à l'intériorité nécessaire à l'écriture et – dans une moindre mesure, peut-être – à la concentration que réclame la peinture.

Une dizaine d'années après avoir quitté les beaux-arts, alors que je travaillais beaucoup au théâtre, je repris contact avec Robert Savary, mon professeur de peinture. J'allai le voir dans son atelier parisien, vers Montmartre. Je ne m'étais pas encore risquée à reprendre les pinceaux. Pourtant, de loin en loin, j'essayais de dessiner. Tentatives désespérantes, car, marquée par des années d'études académiques, je ne pouvais m'empêcher de construire mon dessin – respect de la perspective, calcul des proportions des corps freinaient la spontanéité du trait. Puis, un jour, je m'aperçus que j'avais tout oublié. Je pouvais de nouveau dessiner instinctivement. Et l'envie de peinture, le vieux rêve ressurgit… Et comme ce désir coïncidait avec l'achat de mon atelier « à vivre », j'installai un coin de travail avec un chevalet.

J'allai plusieurs fois voir Robert, il me donnait quelques conseils.

– Ça, c'est bon, me dit-il un jour à propos d'une esquisse de mon atelier que j'avais faite très rapidement. Va dans ce sens, et peins, peins…

Nous sommes restés longtemps amicalement complices, et je possède plusieurs de ses œuvres.

« Peins, peins ! » Oui, Robert. Seulement voilà, mon métier de comédienne, à présent solidement ancré dans le théâtre, réclamait toute mon énergie. J'ajournai le rêve, encore et encore…

De temps en temps, pour soulager cette envie de peindre, retrouver l'odeur des couleurs à l'huile, des médiums, la sensualité d'une touche grasse, pour vérifier aussi que les dons originels étaient toujours là, je m'y remettais un peu. Mais comme mon exigence secrète est toujours grande, que je sais que je ne vais pas véritablement « entrer en peinture », que je ne vais pas évoluer beaucoup vers une recherche de ma « voix » personnelle entre deux pièces de théâtre ou deux temps de tournage, j'ai trouvé un truc pour éviter de douloureusement me décevoir moi-même : je copie.

Je copie les peintres que j'aime, et dont la manière – c'est une chose que je sais, tout de même – est proche de ma « palette » et de mon tempérament. J'ai exécuté ainsi, pour moi-même et le bonheur de quelques amis, nombre de Matisse, Derain, Dufy, Van Dongen, peintres postimpressionnistes assez faciles à copier : il n'y a qu'une couche ! Mais je ne me risquerais pas à une copie du mystérieux, merveilleux Bonnard, mon préféré, aux combinaisons de couleurs d'une complexité telle qu'il est impossible de discerner quelles couches de laque il a superposées pour obtenir la féerie chatoyante de ses œuvres.

Cela dit, pour tempérer mon propos, je dois dire que j'ai remarqué que nombre d'artistes, comédiens, musiciens, photographes ont, souvent, un don en peinture ou en sculpture – ce sont des dons

Le Pont de Giverny, par Robert Savary – La « palette claire » !

« cousins » pour qui a un véritable tempérament artistique. Seulement voilà, le don qui a fait de nous des comédiens, ou des musiciens, nous a plus rapidement apporté des satisfactions, une reconnaissance, des succès humainement et matériellement gratifiants, prenant du coup le pas sur la vocation de peintre ou de sculpteur. On n'a pas d'applaudissements seul face à sa toile, à son froid bloc d'argile, seul à juger de ce qui est bon et sincère, ou pas. Il faut un sacré courage, une extraordinaire foi en soi pour persister des années dans ce travail, cette recherche solitaire.

Comment ne pas comprendre alors que, pour certains d'entre nous – moi en tête –, la chaleur des projecteurs, le regard et l'approbation des autres, donc la solitude abolie, l'aient emporté ?

Mon rêve à moi fut peut-être simplement plus près d'être poursuivi, avant que je ne sois emportée dans une autre voie « cousine ». C'est pourquoi, sans doute, je n'arrive pas à me résoudre à ce que ce rêve sacré se convertisse en simple « hobby ».

Alors, sur les étagères, les tubes de couleurs sèchent. Il sera impossible bientôt, même en chauffant les bouchons avec la flamme d'une bougie, de les décoller…

De même dans le bel atelier creusois, peu à peu transformé en chambre d'amis…

Alors, entrerai-je donc un jour en peinture ? S'il faut au moins dix ans, comme je le crois, pour vraiment se trouver, j'aurais intérêt à m'y mettre illico ! Cela restera peut-être un fantasme. Ce « moi peintre » que j'aurais pu être ne sera jamais ? Il devait, sans doute, en être ainsi…

Il n'y a rien à regretter, aucune larme à verser, idiote. Ta vie est belle !

L'ange Robert

La petite maison parisienne où je vis à présent est entièrement peinte selon cette « palette claire » que nous avions en commun, Robert Savary et moi. Vert clair, orangé, jaune soleil, rose ardent, qui sont pour moi les couleurs du bonheur.

Au rez-de-chaussée, dans la si bien nommée « pièce à vivre », il y a au-dessus de mon bureau les photographies des vivants – enfants, petites-filles, tous ceux qui font ma joie et mon bonheur dans la vie présente, et qui portent les promesses d'avenir.

Au dernier étage, il y a ma chambre, et, sur le mur au-dessus de mon lit, il y a tous mes morts, ceux qui ont compté de la manière la plus intime pour moi. Je dors sous leurs regards, figés par la photographie, regards que j'espère bienveillants et protecteurs.

D'abord il y a, bien sûr, l'image de mes parents. Une photo d'eux très gaie, très juvénile, prise possiblement avant ma naissance, en période d'insouciance estivale. Il y a le visage de ma tante, son œil vif et plein d'humour, capté pendant une séance de Scrabble. Celui de ma jeune sœur, morte subitement voilà quelques années d'avoir vécu toute sa vie « le cœur serré », et bien sûr, celui du père de mes enfants, Bernard, parti lui aussi. Dernièrement est venue les rejoindre la photo d'un cher ami creusois. Je dédiai un chapitre – et même le livre tout entier – de mon dernier ouvrage, *Le Poil et la Plume*, à cet homme sage et bon qui m'apprit tout ce que je sais sur les gallinacés et l'art du potager.

Et puis au-dessous des photos, au-dessus de mon oreiller, il y a un petit tableau…

C'est une des ultimes œuvres de Robert Savary, mon professeur de peinture aux beaux-arts, ce maître à l'enthousiasme et à la fraîcheur d'esprit merveilleux, aux yeux bleus d'enfant. Il a fait aussi, je l'ai dit, une œuvre éclatante de couleurs, d'harmonie, qui est un hymne à la vie – une œuvre restée malheureusement assez confidentielle, car Robert refusa toujours de pactiser avec les marchands d'art.

Mais après une carrière et une vie bien remplie, la maladie de Parkinson l'a atteint. Il perdit l'usage de ses jambes, puis celui de la parole. Pourtant, animé par une grande foi, la passion de peindre ne l'a jamais quitté, et il continua à travailler sans relâche, malgré l'infirmité, à l'hôpital des Invalides où il a fini ses jours en tant que « peintre officiel de la Marine ». Il y fit de vrais tableaux, sur châssis, qu'il signait, comme il se doit.

Alors il y a cette petite chose – que j'appelle « *L'Âme* » ou « *L'Ange* »… Ce n'est pas véritablement un tableau, ni une esquisse. Robert l'a « jetée », dans les derniers temps de sa vie, comme un cri, comme l'urgence d'un chant intérieur, avec ce qu'il avait sous la main, crayons, pastels, gouache, sur le dos du couvercle d'une boîte de chocolats, maladroitement découpée. Il ne l'a pas signé. Ce n'était pas la peine. Ce n'est pas un tableau. C'est autre chose, c'est beaucoup plus…

Je me raconte ceci : une nuit, ou un de ses derniers matins, Robert a connu une heure de grâce, et il lui a fallu peindre – puisque la peinture demeurait son unique langage – ce qu'il ressentait. Il acceptait que son âme d'enfant quitte ce monde et s'envole, une brassée de fleurs aux mains, en signe de joie et de paix.

L'Ange, ultime peinture de Robert Savary.

Le fils de Robert, Florian, connaissant notre amitié, m'a donné ce trésor, que je garde précieusement. L'ange Robert veille sur mon sommeil, juste au-dessus de ma tête.

Et s'il est vrai que « tout ce qui n'est pas donné est perdu », je suis heureuse de vous offrir cet ange à mon tour.

Avertissements et petites phrases

Depuis longtemps – depuis toujours ? depuis la mort de mes parents ? –, je bénéficie d'une sorte de protection sous la forme de presciences fortes, de mises en garde ou même d'avertissements qui me parviennent parfois très précisément – mots, petites phrases me traversent alors l'esprit avec insistance.

J'ai mis longtemps à vraiment me rendre compte de ce phénomène. Il a fallu quelques exemples frappants du fait que j'avais été « prévenue » pour que je me rende à l'évidence – parfois trop tard, lorsque je n'avais pas voulu « écouter » certaines mises en garde. Car elles ne sont pas toujours clairement compréhensibles.

Lorsque j'écrivais, en préambule de ce livre, s'agissant de certaines personnes ou de projets, que «je m'en écartais d'instinct», comme les animaux évitent de toucher à une nourriture qu'ils sentent mauvaise pour eux, je pense que cet instinct était certainement guidé par ce phénomène, mais que je n'en avais pas encore pris conscience.

C'est cela, sans doute, qui m'a protégée des dangers qu'une adolescente peut courir, sans surveillance aucune, seule à l'étranger pendant des semaines. Qui me guida, aussi, pendant mes quelques « années folles» où, sautant d'un lit à l'autre, errant de-ci, de-là sans aucun repère ni foi, j'aurais pu rencontrer de sales personnes ou m'enferrer dans de sombres impasses.

Je ne peux pas parler de «voyance», ce n'est pas la même chose. En fait, je ne vois rien. Je suis prévenue, certes – de ne pas faire ceci, d'éviter cela, de ne pas dépasser telle date –, mais je ne sais pas pourquoi. Je n'ai pas le décryptage clair de l'avertissement, ni des conséquences, si je n'en tiens pas compte. D'où cela vient-il? C'est un grand mystère...

J'aime beaucoup, à ce propos, un passage de l'auteur Colette, dans lequel elle raconte sa visite chez une voyante. On l'avait convaincue d'aller la voir, et elle s'était rendue au rendez-vous par curiosité. Rien d'important ne lui fut révélé par cette femme, mais celle-ci lui dit tout à coup :

– C'est curieux, vous êtes suivie par une chatte qui vous accompagne. Tout à l'heure elle était sur ce meuble, à présent elle est sous votre chaise...

– Ah? Elle se déplace? s'étonna Colette.

– Oui. Elle peut bien aller où elle veut, puisqu'elle est morte.

Très surprise, et sans doute impressionnée, car elle avait perdu, longtemps auparavant, une de ses «chattes d'écrivain» qui lui était particulièrement chère, Colette risqua une dernière question :

– Mais... pourquoi dites-vous une chatte? Ce pourrait être un chat!

– Ah, je ne sais pas, madame. ON me dit que c'est une chatte.

C'est dans ce «ON» que réside tout le mystère, bien sûr. Et les tentatives de l'éclaircir – religieuses, spirites, pseudo-scientifiques – restent incertaines, et les réponses subjectives, suivant les croyances. Personnellement, j'aime l'énigme de ce «on». Il ne faut pas chercher à tout expliquer, ni à forcer toutes les portes, surtout celles d'un au-delà ou de forces qui nous dépassent. Humblement accueillir – mot chéri des psys, mais qui s'accorde bien à ce sujet – ce qui vous est donné, le reconnaître, sans s'effrayer ni chercher à percer le secret, est déjà beaucoup. La raison a bien d'autres sujets pour s'exercer utilement !

Une des premières presciences qui me rendit plus attentive à ce phénomène fut que j'avais pressenti la venue, non d'un événement, mais plutôt d'un non-événement.

Je devais faire un film avec Bernard Giraudeau. Nous nous étions rencontrés depuis peu, nous étions heureux de travailler ensemble, et le rôle m'intéressait beaucoup, car très différent de ce qu'on me proposait jusque-là. C'était un rôle insolite et très difficile.

Et voilà que je perdis deux fois le scénario. J'oubliai obstinément de noter le numéro de téléphone du metteur en scène, puis aussi de noter dans mon agenda une séance de travail que nous devions faire tous ensemble. Lorsque je voulais réfléchir à ce que je pourrais faire dans le personnage, mes pensées s'échappaient, glissaient hors sujet… Le tournage approchait, je commençais à me poser des questions sur cette impossibilité de concentration. Une angoisse commençait à poindre.

Puis il y eut la recherche des costumes, l'essai d'une perruque, pour me créer un visage très différent. Je me revois chez le perruquier, coiffée de cheveux blancs un peu fous, me regardant dans le miroir. Derrière moi, sur mon épaule, le visage du metteur en scène, regardant aussi mon reflet, et s'exclamant : « Oh ! que je la vois bien ! » Et tout en reconnaissant lucidement que cette perruque me faisait un visage très intéressant pour le rôle, me vint alors à l'esprit, dans un tac-au-tac mental : « Et moi, que je ne la vois pas ! »

Les jours passant, le tournage approchant, mon malaise augmentait, et l'angoisse devenait bien réelle – comment allais-je arriver à jouer un rôle difficile, alors que je ne parvenais même pas à y penser ? Je ne confiais mon désarroi à personne, me sentant coupable, au milieu de l'enthousiasme qui régnait autour du projet. Je commençais à vraiment mal dormir…

Puis, quatre jours exactement avant le début du tournage, nous apprîmes qu'un des producteurs était parti avec tout le fric récolté pour faire le film, et que celui-ci était définitivement annulé. Stupéfaction et désespoir général, tandis que défilaient dans ma tête trois petits mots, à la consonance presque ironique : « Eh bien voilà ! »

C'est la survenue de ce non-événement, qui peut paraître anecdotique – sauf bien sûr pour le pauvre auteur-metteur en scène trahi –, qui me rendit plus attentive au phénomène. Sa clarté négative rendait indubitable ce que j'avais ressenti. Pourquoi avais-je été la seule à percevoir, à l'avance, que ce film n'avait aucun POTENTIEL D'EXISTENCE ? Il m'apparaissait clairement que c'était pour cela que je perdais les scénarios, oubliais les rendez-vous, n'arrivais pas à accrocher mes pensées à ce rôle – peut-on saisir un projet fantôme ?

Si je dis que les mots « défilèrent dans ma tête », c'est parce que c'est ainsi que je les perçois – presque à la façon de certains textes déroulants s'affichant dans les gares, ou sur les panneaux d'affichage publicitaires –, à l'arrière de mon cerveau, au-dessus de l'occiput.

Cet « affichage », d'ailleurs, prit une dimension inusitée et presque comique, un jour, et donna lieu à une intéressante conversation avec Boris Cyrulnik – psychologue réputé et grand spécialiste du concept de la « résilience », ayant survécu lui-même à un terrible drame d'enfance.

J'allais rendre à mon éditeur le manuscrit terminé d'un de mes livres, *Les Chats de hasard*, quand s'afficha, avec assez d'insistance pour que je le retienne, non pas une petite phrase, mais un nombre…

Je n'y pris pas garde. Le livre sortit, eut un estimable succès, et nous approchions les 90 000 exemplaires. Un jour que j'étais en route pour une émission de radio pour parler de ce livre, je dis à l'attachée de presse qui m'accompagnait :

– Combien d'exemplaires penses-tu que nous vendrons, sur cette année ?

– Oh, en continuant un peu de presse, nous pourrions atteindre 100 000, je crois.

Là, ayant toujours en tête ce que j'appelais déjà « un chiffre à la con », puisque sorti de nulle part – moi qui, de plus, déteste les chiffres ! –, il m'échappa :

– Ah ? C'est curieux, j'avais vu 150 000...

Mon accompagnatrice se récria vigoureusement :

– Mais voyons, c'est déjà magnifique ! Et tu voudrais...

– Non, non, je ne « veux » rien ! Tu as raison, c'est extraordinaire. C'est juste que j'avais vu 150.

Quelques semaines plus tard, j'obtins le prix « 30 Millions d'amis », et nous atteignîmes exactement mon « chiffre à la con »...

Cette histoire amusa beaucoup mon éditeur, et, pour le livre que j'écrivis quelques années après, il me demanda si cette fois encore j'avais un nombre en tête. De fait, il m'en était passé un, qui se révéla aussi juste.

Je commençais à échafauder une vague hypothèse à ce sujet, et souhaitai m'en entretenir avec Boris Cyrulnik, que je connaissais un peu et dont j'appréciais beaucoup les livres.

Je lui racontai l'apparition de mes « chiffres à la con », la confirmation de leur justesse, et je fus stupéfaite lorsque je l'entendis s'exclamer :

– Ah ! mais moi aussi, j'ai toujours VU à l'avance le chiffre de vente de mes livres !

Je lui demandai s'il admettait comme possible l'idée que notre passé d'orphelins, de jeunes traumatisés, puisse être à l'origine de ce curieux don. Que le fait de ne plus avoir eu, très jeunes, le soutien de nos parents, et le sursaut réactif vers la vie qui s'était ensuivi, pouvaient avoir induit le développement d'«antennes» personnelles, salvatrices, pour nous aider à nous diriger dans l'existence. Que s'était organisée en nous une sorte de pesée, à l'avance, du potentiel positif – ou négatif – des projets ou événements qui allaient avoir une importance dans notre devenir. Il convint que cela était possible, bien sûr. Et d'ailleurs il avait été reconnu que les orphelins sont enclins à avoir des dons médiumniques particuliers.

– Mais, Boris, il ne s'agit pas de véritable voyance. Car ce que nous pressentons, voyons, n'est qu'à usage extrêmement personnel !

Boris me répondit alors d'un air finaud :

– Je pense que ça se travaille...

Il me confia avoir fait quelques expériences afin de tenter de «voir» pour d'autres, et ajouta :

– C'est moins précis que pour nous, mais ça marche. Je pense, oui, que ça se travaille...

Le «ça» étant presque aussi mystérieux que le «on» de la voyante de Colette – une fonction bizarre, indéfinie, qu'on peut «travailler» assouplir, affiner, comme on roderait un moteur, sans jamais vraiment comprendre ni pourquoi ni comment «ça» marche.

Je rapportai cette conversation à mon éditeur et complice. Il resta un instant pensif à propos de ce «ça se travaille», puis cet homme de bon sens me dit amicalement :

– Tu as peut-être d'autres choses à faire, non ?

Il avait bien raison. Alors j'ai choisi de ne jamais «travailler» ce don étrange. Je me voyais mal me transformer en une sorte de Madame Irma, et prendre la responsabilité d'annoncer quoi que ce soit à quelqu'un d'autre.

J'ai bien assez à faire pour tenter de décrypter les injonctions personnelles, lorsque j'en reçois, pour les reconnaître et leur obéir – ou, éventuellement, ne pas les écouter, volontairement ou involontairement, et en payer le prix…

Je ne vais pas m'étendre trop sur ce sujet, mais j'aimerais tout de même raconter les deux avertissements flagrants que je n'ai pas écoutés, et à quel point l'addition à payer qui s'ensuivit fut lourde.

Peu de temps après avoir publié *Le Voile noir,* j'avais fait l'adaptation d'une formidable pièce anglaise sur Isadora Duncan, cette femme qui véritablement révolutionna la danse, la libérant du carcan classique et ouvrant la route à toutes les formes de la danse contemporaine. J'avais vu Vanessa Redgrave jouer cette pièce à Londres, et fait ce gros travail d'adaptation pour la monter et la jouer moi-même à Paris.

C'était une pièce à la fois drôle et bouleversante sur l'art. Une scène était particulièrement magnifique : un jeune pianiste, éperdu d'admiration pour Isadora, venait jouer chez elle afin qu'elle répète. Elle écartait les meubles pour faire un espace libre au milieu de la pièce, puis se plaçait au milieu, concentrée. Le jeune homme commençait à interpréter un très beau morceau au piano, et elle ne bougeait pas. Elle se laissait simplement pénétrer par la musique, le visage peu à peu baigné de larmes. À la fin de la musique, elle se tournait vers le jeune homme et disait simplement :

– Merci, c'était une magnifique répétition.

– Mais… vous n'avez pas dansé !

Alors elle rétorquait, encore pleine d'émotion :

– Oh non, je ne répète jamais avec mes pieds.

Enfin, vous l'aurez compris, j'adorais cette pièce.

Une productrice s'y intéressait, et elle possédait aussi un magnifique théâtre. Je la connaissais bien, pour avoir joué deux spectacles produits avec largesse par elle, dont une pièce avec Bernard Giraudeau, qui avait eu un grand succès.

Mais une bizarre et forte résistance m'habitait. La fameuse petite voix de mise en garde me soufflait : « Pas là ! Pas ce théâtre ! Pas avec elle ! »

Or, depuis le travail accompli sur moi-même avec *Le Voile noir*, j'étais persuadée d'avoir profondément changé, de ne plus pouvoir me fier à mon instinct, à mon fonctionnement « d'avant ».

Alors que j'avais refusé pendant des semaines sa proposition, résistant obstinément, pour suivre cette injonction négative qui m'était soufflée, elle m'appela en pleine nuit, à trois heures du matin, suppliante, en appelant à ma confiance, à l'amitié :

– Pourquoi refuses-tu de venir à la maison ? Je t'aime. Reviens à la maison !

Je me raisonnai alors, me traitant moi-même d'enfant gâtée, de capricieuse – un beau théâtre, l'assurance d'une production confortable, qu'est-ce que je voulais de plus ? Je craquai, et je dis :

– D'accord.

Et nous la fîmes, cette pièce, avec une magnifique troupe d'acteurs, dans le bonheur et l'enthousiasme. Le décor, les costumes étaient superbes. Je m'étonnais simplement que notre productrice ne vienne pas une seule fois nous visiter lors des répétitions…

Les premières représentations se passèrent très bien, avec d'excellentes réactions du public, la pièce allait peut-être prendre son envol.

Elle n'en eut pas le temps – la chère productrice qui m'aimait tant décréta, quelques jours après la première, que nous allions arrêter. Au bout de dix jours, nous n'étions plus annoncés dans *Pariscope* ni dans *L'Officiel des spectacles*, retirés aussi des agences qui vendent des places de théâtre. Et après vingt-huit jours exactement, nombre minimal de représentations avant de pouvoir arrêter un spectacle, nous fûmes flanqués dehors.

C'est alors que j'appris – par l'un de ses propres amis, choqué par son attitude – qu'elle avait proclamé, dès le début des répétitions, que « cette pièce ne ferait pas trente fois ». Elle n'avait monté ce spectacle que pour le plaisir de le massacrer. Personne n'a jamais compris la raison de cette folie.

Deux ans de travail gâchés, costumes et décor à jeter, acteurs désemparés et blessés – la leçon était rude.

La pièce ne fut jamais jouée ensuite, et je ne me battis pas pour la remonter ailleurs, de peur d'être blessée de nouveau. J'ai toujours, en pensant à la cruauté de cette désillusion, un pincement au cœur...

Certes, je la retins, cette cuisante leçon.

Malheureusement, il y a de cela une dizaine d'années, je fus amenée, bien malgré moi cette fois, à désobéir encore à l'un de ces péremptoires avertissements.

C'était de nouveau à propos d'une pièce de théâtre, mais la mise en garde était différente, et le prix à payer pour ma désobéissance fut bien plus sensible et douloureux qu'une déception professionnelle.

Je jouais un spectacle seule en scène, le magnifique texte d'Éric-Emmanuel Schmit : *Oscar et la dame rose*. J'avais hésité à tenter l'aventure, car être seule sur scène me faisait peur, moi qui aime avant tout dans ce métier l'esprit de troupe et les camarades, et le thème du texte, l'acceptation de la mort et son accompagnement – s'agissant qui plus est de la mort d'un enfant – ajoutait à ma crainte.

Mais sa création, avec l'esprit de rédemption qui sous-tend la pièce, fut un bonheur rare, ainsi que la première série de représentations à la maison de la Culture d'Orléans, en septembre. Nous devions ensuite reprendre la pièce dans un théâtre parisien pour le reste de la saison, de novembre à fin juin.

Avant de signer le contrat qui allait concrétiser cette reprise à Paris, j'eus un sévère avertissement intérieur concernant la fin de ces représentations : « Pas plus tard que fin mars ! »

J'en avisai mon agent, expliquant que l'éventualité de jouer après fin mars me mettait dans un état de panique incroyable, et qu'il était hors de question que j'ignore cette violente réticence, qui devait avoir une raison, quoique inconnue de moi à cette heure.

Le directeur du théâtre, apprenant mon exigence d'arrêter fin mars, faillit rompre les négociations – chose compréhensible, car il était alors obligé de faire une autre création en fin de saison, réputée difficile, les beaux jours approchant et le public se faisant plus rare. Mais je tenais bon, sachant combien je payais cher le fait de ne pas écouter ces avertissements, et celui-là était particulièrement fort et clair.

Le théâtre en question céda, à contrecœur, et accepta que je termine avant la fin usuelle de la saison théâtrale. Mais, sur le point de signer le contrat, le lisant, donc, au fur et à mesure, j'eus un coup au cœur en voyant que la date prévue pour la dernière représentation était… fin avril. Le directeur avait rajouté un mois, contrairement à ce « fin mars » que ma voix intérieure me dictait et qui avait été convenu.

Je me souviens d'être restée le stylo en l'air, en proie à une vive émotion, hésitant à apposer ma signature – que faire ?

Comme d'habitude, je ne connaissais pas les causes de cette injonction, c'était une interdiction d'aller plus loin, une lumière rouge, « Attention danger », pour l'instant sans signification particulière. Quelle raison raisonnable, rationnelle, pouvais-je donc invoquer pour faire réécrire ce contrat et changer la date de fin, à un petit mois de différence ? On allait m'envoyer à tous les diables – encore un caprice d'actrice !

Alors, me forçant à me calmer, à contrôler ma réticence, passa une autre petite phrase dans ma tête – celle-là, je le pense, plutôt suscitée par mon sentiment d'impuissance : « Ça tiendra peut-être jusque-là… »

« ÇA tiendra » – quoi, « ça » ?! Mes forces ? Ma résistance émotionnelle au sujet de la pièce ? Mystère.

Dans l'incapacité de donner aucun argument plausible pour exiger ce « fin mars », je signai.

Ma vieille tante, ma chère Tata qui m'avait élevée et aidée à prendre soin de mes enfants, vivait à présent dans l'immeuble où j'habitais. Quoique très âgée, elle allait bien, et je passais la voir chaque jour dans le petit appartement qu'elle occupait, veillant à ses provisions et ses repas.

Je jouai donc *Oscar* dans ce théâtre parisien, avec succès. Tout allait bien. Mais, deux mois après, les événements se précipitèrent, et leur enchaînement m'emmena inéluctablement vers la catastrophe…

En janvier, vers la fin du mois, ma tante se cassa le col du fémur.

En février, opérée, elle resta quelque temps à Paris, à l'hôpital. Elle se remettait fort bien de cet accident.

Puis elle souhaita aller faire sa rééducation en Creuse, dans un établissement où elle avait séjourné déjà deux fois pour ses poumons, et où elle se sentait bien.

Le transfert eut lieu, et à la mi-mars elle était là-bas, à 350 kilomètres de Paris. Or, peu après son arrivée, elle se mit à dépérir… Elle ne mangeait plus, nourrie uniquement par perfusion, et m'appelait tous les jours en me suppliant de venir.

Et moi, coincée à Paris, j'accompagnais tous les soirs « pour de faux » mon petit Oscar vers une mort de théâtre, alors que je me trouvais dans l'incapacité de faire mon vrai devoir humain, d'accompagner celle qui avait remplacé toute ma famille, à qui je devais tant, celle qui n'avait plus que moi, seule, sur son lit d'hôpital, si loin, au seuil du grand départ…

Je ne saurais décrire le cauchemar que je vécus, début avril, à continuer de jouer, couverte de sueur durant ces presque deux heures de représentation, en proie à d'incessants trous de mémoire, dans la terreur que ma tante ne meure d'un jour à l'autre, sans moi à ses côtés. Je me précipitais en Creuse pour la voir le lundi, jour de relâche, déchirée d'avoir à repartir le mardi.

Un de ces lundis, voyant qu'elle était de plus en plus faible, je fis ce que je devais faire, évidemment. Je ne repartis pas, et j'accompagnai ma tante dans ses derniers jours, ses derniers instants !

Elle mourut un peu après la mi-avril. Et j'abandonnai au théâtre qui voulait me faire un procès pour « rupture de contrat » à peu près tout ce que j'y avais gagné les mois précédents, en compensation.

Qu'importe. J'avais fait ce qu'il était juste de faire. Je ne me serais jamais pardonnée de manquer à ce devoir d'amour et de reconnaissance.

Je ne vais pas m'attarder plus sur ce sujet. Mais j'ai donné ces exemples pour dire, affirmer, que s'il m'arrive encore à l'avenir d'avoir un si clair avertissement – de ne pas faire ceci, aller là, dépasser telle date, etc. – et même si, certainement, je ne saurai toujours pas pourquoi cette injonction me parvient, je jure bien que j'écouterai et obéirai ! Car, quelles que soient les informations que me donnent ces voix étranges, je DOIS les croire.

Derniers jours, dernier rire

Lorsque j'eus décidé de ne pas assurer les quelques représentations théâtrales qui me restaient à accomplir en avril pour accompagner ma tante durant ses derniers jours de vie, je passai presque tout mon temps avec elle, dans la chambre qu'elle occupait au premier étage du centre hospitalier de Sainte-Feyre, en Creuse.

Elle ne pouvait plus rien avaler, alimentée par perfusion depuis déjà une quinzaine de jours. La station debout était désormais impossible, tout projet de rééducation de son opération de la hanche abandonné. Le corps «ne voulait plus», usé, et même la couleur des roses d'Inde, dans le parterre pourtant éloigné qu'elle apercevait de sa fenêtre, devenait trop violente pour sa faiblesse – « elles me font mal aux yeux, ces fleurs orange… » me disait-elle.

Mais si le corps l'abandonnait, l'esprit restait intact, vif et lucide.

En décidant de la suivre ainsi jusqu'aux derniers instants de sa vie, j'avoue que j'espérais que cet accompagnement serait aussi pour moi, qui avais un tel besoin de «faire la paix» avec la mort, l'occasion d'une leçon de sagesse, d'acceptation et de sérénité.

Ce ne fut pas le cas, loin de là !

Pour cette femme à l'esprit libre et entier, la mort resta jusqu'au bout un scandale absolu. Jusqu'à ses dernières minutes, elle fut animée d'une révolte vivace contre ce qui lui arrivait, qu'elle ne voulait ni accepter ni comprendre. En guise d'exemple de sérénité, j'en étais pour mes frais !

Je m'installais souvent près de la fenêtre à demi voilée, tandis qu'elle était sur son lit. Quand nous ne parlions pas, je lisais, j'écrivais à des amis. Nous avions de longs moments silencieux, et j'avais parfois l'impression qu'elle oubliait ma présence. Un après-midi qu'il faisait soleil dehors, elle se tourna brusquement vers moi, et me dit avec reproche :

– Mais qu'est-ce que tu fais là ?! Tu as vu ce beau temps ?

Elle parlait beaucoup pour elle-même, souvent sans que je comprenne ce qu'elle disait tout bas. Je la vis un jour le visage tourné vers le plafond – c'est là, me révéla-t-elle, qu'elle s'adressait à mon fils. Ce qui m'apparut assez logique, car il est si grand qu'elle aurait dû lever le visage vers lui, s'il avait été dans la chambre.

Un autre jour où je lui transmettais, de la part de ma fille, que celle-ci était désolée de ne pouvoir venir lui rendre visite, elle me répondit :

– Mais elle est ici, Sara.

Comme je m'étonnais, elle me désigna franchement, moi, en me regardant dans les yeux :

– Elle est là, voyons !

D'une manière troublante, pour ma tante dans ses derniers jours, ma fille et moi n'étions qu'une seule et même personne...

Puis, la veille de sa mort, elle eut une longue conversation qui m'intrigua, car ce n'était pas un monologue. Il y avait des moments de silence, pendant lesquels elle semblait écouter attentivement une réponse, puis elle se remettait à parler, comme si elle s'adressait de nouveau à son interlocuteur invisible, écoutait de nouveau...

Je lui demandai à qui elle parlait, ce matin-là. Elle me dit, sur un ton de grande évidence :

– À tes parents. À ta mère, surtout.

Elle m'avait souvent confié qu'elle avait partagé une grande complicité avec ma mère, qu'elle aimait beaucoup. Comme elle continuait cette conversation, s'adressant d'une manière très naturelle et pragmatique au mur en face de son lit, je demandai avec curiosité :

– Mais… elle est là ?

Troublée dans son échange secret, elle s'arrêta un instant, le regard fixé sur le mur, puis se tournant tout à coup vers moi, elle s'écria, avec une rupture de ton digne de la grande Jacqueline Maillan dans une pièce de boulevard :

– Non mais… Tu ne vois rien, ma parole ?!!

C'était si soudain, si réellement comique, que j'éclatai de rire. Et ma tante rit à son tour, puis, me considérant avec pitié, fit un geste de la main autour de sa tête, me signifiant que j'étais vraiment un être très limité, pour ne pas voir ce qui était si évident pour elle. Et nous avons encore ri ensemble, franchement, à propos de mon aveuglement.

La suite fut moins drôle…

Enfin, à défaut d'exemple de sérénité et de fatalisme, j'appris tout de même une ultime chose de cette femme exceptionnelle : on peut rire jusqu'au dernier jour.

Moi, chantant Mistinguett pour la soirée anniversaire des vingt ans
de la maison de la culture d'Orléans, le CADO – goût du music-hall, quand tu nous tiens !

Pères, frères et cabarets

Je ne vais pas ici retracer ma carrière. Ce n'est pas un livre de souvenirs professionnels. Je ne raconte que ce qui me paraît intimement spécifique, important et décisif pour définir cette ligne intérieure que j'ai suivie, à défaut de réel choix, d'ambition, et même de rêves.

Non, je n'ai pas rêvé de ce métier de comédienne. J'ai simplement suivi l'opportunité qui se présentait, celle qui m'a écartée des beaux-arts, et menée à Paris et à la Comédie. Par contre, je reconnus très vite qu'il m'allait bien, ce métier. Et le jour où j'eus ce petit choc sur un plateau de tournage, prenant conscience qu'il fallait absolument que je revienne au théâtre, je pense que, oui, de ce jour-là, j'ai véritablement choisi ce métier. J'ai choisi de le faire le mieux possible, avec amitié et générosité envers mes partenaires, respect du public, enfin suivant les sains préceptes que Jean Chevrin et René Simon professaient, et que j'avais reconnus comme profondément justes et correspondant à mon tempérament.

La rencontre avec Jean-Louis Barrault fut tout à fait salvatrice, et fondatrice. Mais parallèlement je rencontrai Jean Mercure, qui dirigeait le magnifique Théâtre de la Ville et qui me «pêcha» dans le spectacle de Barrault à l'Élysée-Montmartre pour me proposer, la même année, de jouer Jean Giraudoux.

Pendant une dizaine d'années, je travaillai en alternance avec l'un et l'autre, et interprétai de grands auteurs classiques ou modernes – Giraudoux, Dario Fo, Shakespeare, Villiers de L'Isle-Adam, André Pieyre de Mandiargues, etc.

Après mes professeurs, j'eus donc deux nouveaux « pères de théâtre », aux tempéraments et manières de travailler différents, et tout à fait complémentaires pour moi – Jean Mercure précis, exigeant, perfectionniste au point d'en être exaspérant, mais qui avait toujours, toujours raison. Et force était de le reconnaître, et de le remercier après l'avoir parfois détesté en répétition !

Jean-Louis Barrault, à l'opposé, privilégiant l'instinct, l'expression corporelle, le jaillissement. J'adorais, lorsqu'il s'exclamait parfois avec impatience, devant un comédien qui réclamait des explications ou une analyse des motivations de son personnage :

– Oh ! Je t'en prie : MAL, MAIS VITE !!

Devise pour rire, bien sûr, émanant de lui, ce travailleur acharné, ce lettré, cet infatigable passionné, mais qui contenait une part de vérité dans l'énergie qu'il nous demandait avant tout.

S'il faut donc dix ans pour véritablement faire un comédien, comme le disait René Simon, ce furent ces dix années-là qui me formèrent vraiment, me portèrent à aimer de mieux en mieux ce métier dans lequel j'avais été « embarquée ».

C'est au milieu de cette période que je rédigeai mon premier roman, et amorçai la rédaction du deuxième. Je poursuivais cette ligne intérieure d'écriture, ce « fil rouge » qui allait bien des années plus tard m'amener à écrire MON LIVRE, *Le Voile noir.* Je lisais beaucoup, et beaucoup au hasard, « flairant » les livres dans les librairies comme on choisit un gâteau qui a l'air appétissant dans une pâtisserie. Je me pris d'amour pour Colette, son lyrisme, son sens de l'observation impitoyable et son absence totale d'intellectualisme.

Pendant ces années 1970, années de grande liberté et de non-attachement sentimental pour moi, pendant lesquelles j'eus tant d'amants d'un jour, je rencontrai également quelques « frères de cœur » – des hommes qui avaient une grande réputation de séducteurs et qui eurent pourtant avec moi une relation tout à fait platonique.

L'un d'eux fut Romain Gary, avec qui je passai nombre de soirées, au cirque notamment, qu'il aimait beaucoup, ou bien chez les Russes, où nous écoutions la chanteuse tzigane Valia Dimitriévitch, qui était une de ses amies, avec son mari guitariste Volodia. J'allais aussi chez Romain, et nous déjeunions souvent chez Lipp. Je ne sais ce que j'étais pour lui – une sorte de petite sœur ? Un être en tout cas assez intouchable pour qu'il ne tente jamais un geste de séduction, lui qui, je le sais, collectionnait beaucoup d'aventures sentimentales à cette période. Il avait peut-être reconnu, chez la somnambule-funambule que j'étais encore, un grain de folie, de bizarre détachement d'exilée – exilée de l'enfance, en ce qui me concerne – avec lequel il se sentait en fraternité ?

Nous fûmes assez intimes, en tout cas, pour que je porte chez lui mon premier roman, afin qu'il le lise avant publication. Il m'écrivit à propos de ce livre une lettre magnifique, mais dont la dernière phrase, en conclusion, me laissa plus que perplexe : « Bravo, tu es tombée du premier coup sur un sujet jamais traité. Je suis presque envieux… Mais rassure-toi, je ne dirai à personne qu'en fait c'est moi qui l'ai écrit ! »

J'avoue que ce post-scriptum, que je prenais pour une sorte de plaisanterie, me parut d'un goût douteux… Je compris seulement bien des années plus tard, l'ayant perdu de vue, lorsque nous sûmes, après sa mort, que Gary était aussi Émile Ajar, que ce mot était le signe, déjà, d'une insondable fascination pour la mystification et l'emprunt d'une autre personnalité.

Un autre de mes «frères» fut l'acteur Michel de Ré, rencontré avec Jean-Louis Barrault et qui joua ensuite pendant des années avec moi *La guerre de Troie n'aura pas lieu*. J'adorais son humour, sa folie. Nous sortions énormément, ne rentrant qu'à l'aube d'indescriptibles virées au cours desquelles nous sautions de bar en boîte de nuit, sans que jamais il y eût la moindre ambiguïté dans nos rapports. Je sus plus tard que sa compagne en fut très jalouse, et souffrit beaucoup de ce qu'elle crut être une liaison avec moi. Je regrette encore de n'avoir jamais trouvé l'opportunité de la détromper...

Une hypothèse m'est venue à l'esprit : ces hommes séduisants et séducteurs «se reposaient» avec moi de leur rôle. Sous une apparence de très jolie femme, flatteuse à sortir, j'étais moralement une sorte de garçon manqué (donc une «fille réussie», aurait dit Colette ?), absolument imperméable aux codes des rapports homme-femme typiques. Aucun effort à faire, donc, pour se présenter à son avantage. Juste s'amuser, passer de bons moments en toute liberté et camaraderie.

Je sortais en effet beaucoup, quand je ne jouais pas le soir. Mais ma curiosité, je l'avoue humblement, me portait peu vers les autres théâtres, moi que l'orientateur-messager avait poussé vers le conservatoire pour que je «continue à travailler des textes». J'en travaillais, certes, lorsque je jouais de beaux auteurs, je lisais beaucoup de livres par ailleurs, j'allais voir des spectacles où figuraient des amis, mais mon plaisir, mon inclination joyeuse me menait presque exclusivement vers le cirque et le cabaret.

C'était à ce moment-là l'émergence des « nouveaux cirques », des spectacles sans dressage d'animaux, basés avant tout sur les performances humaines, mêlant acrobatie, mime, danse et quelquefois un peu de comédie. L'école des clowns russes, apportait un sang neuf, plus moderne que les traditionnels « clown blanc » et « Auguste » – quoique ces deux figures restent éternelles et fassent souvent référence, même dans la Comédie.

Madonna Bouglione m'en conta un jour l'origine : le clown blanc, qui nous paraît si étrangement féminin avec son teint blanc, son rouge à lèvres, ses fines ballerines aux pieds et son costume pailleté à larges hanches, c'est la mère ! Elle va sortir le soir, elle est maquillée, habillée richement, elle a ses bas blancs et son sévère sourcil de mère qui réprimande. Et celui qu'elle gronde, c'est un enfant de sept ans, Auguste. Il a mis les vêtements de son père, trop grands pour lui. Son pantalon tombe et tirebouchonne sur les chaussures, trop grandes elles aussi, et il ne fait que des bêtises. Quand on connaît ce postulat originel, les personnages deviennent absolument clairs !

J'allais donc voir, je pistais – si j'ose dire – tous les cirques nouveaux, tel le Cirque Plume, et d'autres, venus souvent de l'étranger, du Canada notamment, avec les débuts magiques du Cirque du Soleil.

D'autre part, comme je continuais assidûment la danse, l'un de mes bons camarades de cours m'invita un beau jour à venir voir où il travaillait le soir comme « boy ». C'est ainsi que je découvris L'Alcazar de Jean-Marie Rivière, rue Mazarine, à Paris, et que je devins carrément amoureuse de l'endroit et des spectacles drôles, follement inventifs et beaux qui y étaient créés. Je devins si familière du lieu que j'y entrais quasiment comme chez moi, y passant la plupart de mes soirées libres, et prenant des pots, quand les spectateurs avaient quitté la salle, avec les artistes qui se produisaient là – les transformistes Babette, irrésistible de drôlerie dans son imitation de Mireille Mathieu, Sabrina, un génie du maquillage, Lélé, l'Espagnol de service avec son flamenco pour rire, et l'incroyable clown Serge Davry, qui se cassait tous les soirs sur la tête un service entier de vaisselle !

Le transformisme était en plein essor, à l'apogée de sa créativité, car ces garçons qui se métamorphosaient en personnages féminins étaient souvent de magnifiques artistes. Je fréquentais aussi beaucoup La Grande Eugène, cabaret entièrement consacré à cet art de « mimes » et dont les numéros étaient superbement et finement travaillés. J'y vis notamment le talentueux Jean-Claude Dreyfus, qui faisait là ses débuts sous le nom très fantaisiste de « Erna von Scratch ».

Moi qui jouais dans de beaux théâtres renommés, hautement culturels, c'est curieusement dans ce milieu du cabaret que je me sentais le plus à l'aise, en fraternité – une fraternité de fond de teint, de maquillage élevé à l'art du peintre, de collants résilles et de paillettes, de toute cette gaie et franche tricherie du déguisement, ce goût de l'esbroufe. Ces artistes-là, pour faire ce qu'ils faisaient très bien, n'avaient pas besoin de se prendre au sérieux – alors que certains acteurs, *a contrario*, croyaient, ou se donnaient l'air de croire qu'ils exerçaient un « sacerdoce » – et l'état d'esprit du music-hall, empreint d'humour et de pragmatisme, me convenait très bien.

Jean-Louis Barrault, d'ailleurs, avait fort bien saisi cet aspect de ma personnalité, et me donna toujours des rôles excessifs, souvent en partie dansés, pour lesquels je pouvais me peindre avec de savants maquillages (je retournai voir le dessin animé *Blanche-Neige* pour me faire exactement la tête de la méchante reine dans *Le Nouveau Monde* de Villiers de L'Isle-Adam, à Orsay), des rôles où je pouvais laisser libre cours à une certaine violence et à des excès parodiques. À mi-chemin entre la vamp et le clown, tel était mon emploi de prédilection, celui où je m'exprimais le mieux.

Toutefois, je m'étonne moi-même d'avoir si peu de souvenirs des belles pièces auxquelles j'ai pu assister, ou des acteurs que j'ai pu voir jouer entre mes vingt-cinq et trente ans – à l'exception de quelques personnalités exceptionnelles, comme Michel Bouquet, Delphine Seyrig ou la merveilleuse Suzanne Flon – alors que me restent vivaces à l'esprit ces lieux de cabarets et de revues, des endroits pour moi à la fois magiques et familiers, et que restent aussi très présents dans ma mémoire les artistes qui s'y produisaient. Je pense qu'il ne s'agissait pas seulement d'une fascination de spectatrice, mais qu'une part secrète de moi-même s'y reconnaissait. Peut-être…

Les beaux galas

Est-ce parce qu'on m'avait souvent vue aller au Cirque d'Hiver, chez les Bouglione, ou simplement parce que j'étais déjà une actrice assez connue ? On me proposa un beau jour de participer au « Gala de l'Union », gala au profit des retraités de notre métier, qui était à ce moment-là un des événements les plus prestigieux de la vie artistique parisienne. Il avait lieu traditionnellement dans ce magnifique Cirque d'Hiver, où des personnalités – principalement des acteurs – accomplissaient un numéro de cirque, discipline inhabituelle pour eux.

Immédiatement enthousiaste, j'acceptai, et on chercha ce que je pourrais y faire.

Je déclinai d'emblée les exhibitions « de circonstance », où l'on répète en trois jours une vague performance en trompe-l'œil, se contentant de prendre le costume du véritable artiste qui mène le jeu à vos côtés. J'aimais trop le cirque pour ne pas faire une création à part entière. Avoir fait, et continuer assidûment à faire de la danse était évidemment un avantage à exploiter. Au début, nous hésitâmes entre le patin acrobatique et le trapèze…

L'on décida d'essayer en premier les patins. Cet exercice est un peu tombé en désuétude, mais il était alors très à la mode, principalement dans les cabarets et au music-hall, car le matériel était limité et

Écrasée de bonheur lors des répétitions au Cirque d'Hiver – en arrière-plan le danseur étoile Mickaël Denard, qui préparait lui aussi un numéro aérien.

facile à installer : une piste ronde d'environ deux mètres cinquante de diamètre, et deux artistes en patins à roulettes – quoi de plus simple ?

Ce numéro devait toutefois absolument s'accomplir avec un patineur porteur professionnel, qui avait toute la responsabilité de la réussite et surtout de la sécurité du numéro. En effet, il tournait rapidement sur lui-même en portant sa partenaire voltigeuse, qui faisait des figures acrobatiques au bout de ses bras. Hors de question, dans ces conditions, de former un amateur dans le rôle du porteur ! La voltigeuse, elle, pouvait apprendre les figures en quelques semaines.

Je fus donc, sur la piste du Cirque d'Hiver, présentée à un sympathique patineur porteur dont le nom d'artiste – tout un poème – était Nono Beverly. En ce premier jour, sa partenaire habituelle, qui était aussi son épouse, vint avec lui me faire une démonstration préalable. Ils chaussèrent leurs patins, me donnant les premières explications pour placer les pieds de manière à tourner en rond en se tenant par les mains à un train d'enfer – on tourne ainsi, me fut-il précisé, à près de soixante kilomètres à l'heure ! Je les vis s'élancer, et au moment où la femme décolla du sol pour faire un cambré sur les bras du porteur, Nono perdit l'équilibre, dérapa à pleine vitesse, et son épouse fut projetée à travers la piste, heurtant à grand fracas le « banc » qui la borde. Ils se relevèrent contrits, sans trop de mal, assurant que cela ne leur était pas arrivé depuis des années.

Nono, qui était un grand bègue – bégaiement instantanément maîtrisé dès qu'il avait des patins aux pieds – me précisa alors que la grande différence entre le patin et le trapèze est qu'on tombe « de de de… moins hau-hau-hau-haut, mais-mais-mais-mais… beau-beau-beau-beau-beaucoup plus vite » ! Certes, je l'avais vu.

Cela ne me découragea pas, et je répétai bravement quinze jours, jusqu'à la figure finale – sans laquelle le numéro n'a aucun intérêt – celle où la femme met ses pieds derrière la nuque du porteur et, lâchant ses mains, tourne ainsi à l'horizontale.

Des hurlements nous stoppèrent en plein élan, alors que j'avais placé mes pieds derrière la tête de Nono, juste au moment où nous allions désunir nos mains :

– Arrêtez !! Arrêtez ! Elle a les jambes trop longues !

De fait, mes pieds dépassaient de quelque trente centimètres la nuque de mon porteur, et si nous nous lâchions les mains, la force centrifuge aidant, il ne pourrait pas me les rattraper rapidement pour me faire redescendre au sol ! *Exit* les patins, et la connivence avec l'adorable Nono dont le seul défaut était d'être plus petit que moi, détail dont l'importance nous avait échappé, puisqu'il n'était pas rédhibitoire pour le reste des figures.

Qu'importe, restait le trapèze et une autre complicité, celle de Pierre Bergam, professeur et ancien trapéziste fameux, qui réglait pour le Gala tous les numéros aériens. C'était décidé, on allait envoyer en l'air ma grande silhouette, malgré – *dixit* Bergam et son accent parigot – « la trop grande prise au vent de la bestiole ». Car les voltigeuses aériennes sont généralement de petit format, frôlant à peine les cinquante kilos, rapides, nerveuses et légères à porter par un partenaire – ce qui était loin d'être mon cas avec soixante-dix kilos pour un mètre soixante-dix-sept !

Nous préparâmes un numéro que j'exécutai seule, « en grand ballant », c'est-à-dire sur un trapèze se balançant. Préparation un peu à la va-vite, car il nous restait peu de temps après l'abandon du patin – entendez par « à la va-vite » tout de même deux mois de travail quotidien, pour quelqu'un déjà aguerri par la danse !

Le travail commençait dans une salle assez haute de plafond pour accueillir du matériel d'acrobatie aérienne, la « Cité du Midi », vers la place Pigalle, lieu de répétition de nombreux circassiens. Pierre Bergam était un extraordinaire et solide professeur. Nous nous retrouvions là à deux ou trois comédiens qui préparaient le gala de l'année, et se formait une amicale confrérie entre ceux qui « travaillaient vraiment », regardant d'un peu haut – c'est le cas de le dire – ceux qui allaient venir « faire de la frime » au dernier moment.

Deux semaines avant le grand jour, nous allions au Cirque d'Hiver répéter sur place et nous familiariser, palier par palier, avec la hauteur finale du numéro. Pour moi, c'était l'émerveillement. L'endroit est si magique, si beau, que j'avais peine à le quitter. J'aimais comme certains enfants des Bouglione venaient travailler dans un coin de la piste, qui le jonglage, qui l'équilibre, qui l'acrobatie au sol, sans s'occuper de nous, les amateurs, mais nous regardant avec une complicité bienveillante…

Je n'avais absolument pas peur. J'étais bien là-haut. Il m'était agréable de sentir ma force, ma souplesse dans le vide, dans un petit royaume de liberté à dix ou douze mètres du sol. Un royaume gagné après beaucoup de travail, certes, et Pierre Bergam était un entraîneur très sûr, très prudent. Nous n'étions autorisés à exécuter une figure risquée que lorsqu'il était certain de notre maîtrise, longuement expérimentée auparavant à deux mètres du sol.

L'extrême prudence et un travail acharné étaient d'autant plus indispensables qu'il n'existait, à l'époque où je fis ces galas, aucune réelle « sécurité » en cas de chute. Même dans les cirques qui offraient des spectacles réguliers et professionnels, les sécurités qui garantissent à présent les artistes aériens – sangles à la taille, reliées à une longe – n'étaient pas de mise. Il fallut pas mal de morts pour qu'elles deviennent obligatoires. Il n'y avait que le trapèze volant qui avait droit à son grand filet au-dessus du sol.

Lorsqu'on montait enfin notre trapèze à douze mètres, on plaçait dessous un gros tapis de réception gonflé, qui était censé nous protéger en cas de chute. Seulement… les figures dangereuses avaient rarement lieu au-dessus du tapis ! Surtout dans un numéro « en grand ballant » où les lâchers – par exemple se laisser tomber dans le vide en se rattrapant de justesse par les chevilles dans les cordes – avaient lieu en bout de course du balancement, c'est-à-dire en limite de piste, ou pire, au-dessus des spectateurs, bien loin du fameux tapis !

Quelques numéros très risqués restent dans la mythologie de ce gala. Des artistes fameux prirent des risques hallucinants pour « la beauté du geste », afin de réussir quelque chose de rare, d'exceptionnel, juste pour une soirée, et gratuitement.

J'ai découvert seulement dernièrement, sur le site de l'INA, le fameux numéro d'équilibre sur « mat souple » qu'accomplit Jean Marais, sans aucune protection, à quinze mètres du sol, avec une maîtrise de seigneur de la piste qui force l'admiration. Je parle de lui, car ce qu'il fit ce soir-là était tellement exceptionnel qu'on m'en parlait encore trente ans après. Mais bien d'autres – et je me mets dans le lot – ont pris des risques extravagants aux Galas de l'Union.

Pourquoi des acteurs risquaient-ils leur vie – car il s'agissait bien de cela, à cette époque, quand on se balançait dans le vide sans longe et sans filet – pour l'exploit d'un soir ? Je crois qu'il s'agissait pour beaucoup de manifester – je vais oser un grand mot – son Honneur d'Artiste. Oui, nous mentons dans nos rôles, oui, nous sommes des tricheurs professionnels, des enfants attardés qui se déguisent, mais voilà ce qu'on peut faire de beau et de dangereux, pour un soir, sans tricherie, et sans cachet.

Pour ma part, il y avait une satisfaction plus secrète, une fascination qui prenait source dans ces mots souvent entendus dans mon enfance :

« Du temps où on avait le cirque… » Mots vagues, dont l'exacte signification me demeurait inconnue, mais le fait d'aller « pour de vrai » dans un cirque, peut-être ressemblant à celui que mes grands-parents maternels avaient quitté, me rapprochait d'un monde perdu qui avait existé pour les miens, dans d'autres temps.

Je me rappelais aussi ce moment étrange de mon adolescence, inexplicable, où j'étais restée clouée sur la piste du cirque Rancy désert, avec ces mots mystérieux en tête : « Je suis chez moi. » D'où venait-elle, cette sensation si forte, qui ne reflétait aucune réalité tangible, pour que je m'en souvienne, vingt ans, quarante ans après que ces mots m'avaient été soufflés ?

Mais ce fantasme, au moment de se lancer dans l'aventure, était bien caché au fond de moi. Il ne s'agissait pas de se laisser aller à quelque rêverie ou élucubration, il fallait travailler ferme, avec acharnement, entraînés avec bienveillance et rigueur par Pierre Bergam !

Dès ce premier Gala de l'Union accompli, il était clair que je m'étais prise d'amour pour le trapèze, et l'on me proposa immédiatement de songer à un autre numéro pour l'année suivante. En nous y prenant si longtemps à l'avance, nous avions le temps de préparer une intervention que nous espérions exceptionnelle. J'entraînai dans l'aventure mon ami Francis Perrin, qui se laissa convaincre, malgré la claire mise en garde de Pierre Bergam, proférée avec son magnifique accent parigot :

– Ben Rigadin, quand tu t's'ras coltiné une voltigeuse de c'te gabarit, tu pourras travailler aux halles !

Courageux, certes, il le fut, Francis, pour se coltiner mes soixante-dix kilos et ma prise au vent. D'autant que, grâce à un appareil concocté par un ami dentiste, il alla jusqu'à me porter uniquement par les dents, alors que je tournais en grand écart, suspendue au-dessous de sa bouche ! Et pour le final du numéro, nous fîmes plus fort encore.

Le courageux Francis Perrin se coltinant sa lourde voltigeuse par les dents…

Francis Perrin et Anny Duperey : à couper le souffle!

(À gauche) Dernière répétition à deux mètres du sol du fameux «pieds à pieds» si périlleux – Pierre Bergam était prêt à parer à toute éventualité de chute.
(Ci-dessus) En spectacle, ce sera à douze mètres de hauteur...

Je me laissais tomber dans le vide en me raccrochant par la pointe des pieds à ses chevilles – une figure que je n'ai jamais revue exécutée depuis, dans aucun numéro de cirque aérien.

Je me souviens qu'un trapéziste professionnel, nous voyant accomplir ce «pied à pied» risqué, m'avait dit :

– Nous, on ne peut pas faire cela en spectacle régulier. Car un jour où l'autre, ça lâche, les pieds glissent, et il n'y a aucun rattrapage possible pour la femme.

Effectivement, au moment où on lâche les mains, se laissant tomber d'un seul coup, tout le poids de la voltigeuse exerce une terrible traction sur les pieds de son partenaire. Ça tient... ou pas, auquel cas elle tombe irrémédiablement la tête la première au sol, sans possibilité de se raccrocher nulle part. Faire cet exploit un seul soir, avec l'extrême concentration que requiert l'exceptionnel du geste, c'est possible. Le faire tous les jours, c'est une autre histoire...

Le bonheur et la fierté d'avoir réussi un tel numéro reste un des moments les plus forts que j'ai éprouvés en tant qu'artiste.

Le virus de la performance circassienne étant bien implanté en moi, nous songions déjà, avec Bergam, à ce que je ferais au trapèze l'année suivante. J'étais devenue d'évidence une habituée, un des piliers de ce beau Gala de l'Union. Et j'avoue que tout en jouant au théâtre de belles pièces, en tournant des films, en faisant avec plaisir mon métier de comédienne, j'attendais, j'avais hâte de retrouver les minutes éblouissantes où j'évoluerais dans mon petit royaume, là-haut, à frôler le danger avec une indicible volupté. Reprendre mon trapèze pour un soir, dans les projecteurs, devenait un moment phare, un moment sacré de ma vie.

Nous décidâmes, pour ma participation à ce troisième Gala, de revenir au trapèze «en grand ballant» et en solo – épargnant du même coup à un éventuel partenaire d'avoir à se « coltiner » mes soixante-dix kilos et ma grande taille.

Nous travaillâmes très en amont pour mettre au point de nouvelles prouesses, par exemple un équilibre sur les reins, et tombé en arrière en me raccrochant au dernier moment par les pieds dans les cordes – ce n'était pas le pire...

Il fallait effectivement s'y prendre à l'avance, cette année-là, car l'on eut l'idée en haut lieu – idée qui se révéla saugrenue – de délocaliser ce Gala pour l'emmener... à Hollywood !

Digression circonstanciée au passage : j'avoue que je n'ai jamais, vraiment jamais compris cette tentation qu'ont les Français d'aller risquer une aventure artistique aux États-Unis. L'Amérique, le grand rêve ! Il semblerait qu'il y ait là un fantasme irrésistible pour certains. Or, à part quelques exceptions notables, ils en reviennent la plupart du temps déçus, désenchantés, car notre état d'esprit est assez peu exportable, et particulièrement mal « mariable » à celui des Américains, surtout à Los Angeles.

Lorsque l'on me proposa, quelques années après ce Gala, et parce que deux films que j'avais faits étaient sortis là-bas, de m'expatrier six mois à Hollywood pour y tourner *a first class serie*, je n'ai même pas eu la tentation de bouger ma valise ! Qu'est-ce que je serais allée chercher loin de mon pays, loin de mes amis, dans l'effrayante suite de banlieues s'étalant sur cent cinquante kilomètres qu'est Los Angeles, alors qu'il existe sur place d'excellentes comédiennes ? D'autant que j'avais eu l'expérience de ce gala, et les quelques semaines de séjour, à l'occasion, dans ce fameux Hollywood, m'avaient permis de mesurer un peu le fossé qui existe entre notre manière de voir les choses et la leur.

Par exemple, lorsque nous fûmes sur place à répéter, je discutai avec un des producteurs qui avaient organisé ce « mariage » entre notre

Pierre Bergam et moi au catastrophique *Circus of the stars*
– où nous avons tout de même bien ri !

Gala français et la création d'un gala américain. Il était ahuri, dans une incompréhension totale, lorsque je lui révélai que nous faisions cet énorme travail, prenions ces risques, GRATUITEMENT. Il n'arrivait pas à croire que nous n'étions pas payés. C'était impensable – nous étions complètement stupides, fous, ou quoi ? Lui, il avait acheté un concept, qui s'appellerait là-bas *Circus of the Stars*, et il rémunérait grassement les quelques acteurs américains qui vinrent faire une vague performance, pour ce qui était pour lui juste un « show télévisé ». Notre Gala, à vrai dire, il n'en avait rien à faire – nous allions douloureusement le découvrir au dernier moment !

Mais auparavant, j'essayai de lui faire comprendre la « beauté du geste » dans sa gratuité, la bonne œuvre en faveur des maisons de retraite de nos aînés, etc. Et je vis que s'allumait dans son esprit, mais très loin, avec beaucoup d'efforts pour la capter, une étincelle de compréhension. Il me dit alors

– Je vois… Je crois que je saisis… Cet état d'esprit-là, ce que vous faites, serait peut-être possible à New York, avec des gens de théâtre. Mais ici ? Jamais !!

C'était clair. Nous, petits Français idéalistes et enthousiastes, étions les dindons d'une farce hollywoodienne qui nous échappait. Et, le grand soir venu, elle eut lieu, cette farce, dans des proportions cauchemardesques…

Il y avait là de très mondains invités parisiens triés sur le volet, amenés à grands frais en avion et logés au luxueux Beverley Hills (tandis que nous autres, modestes tâcherons qui exécutions des numéros, l'étions dans un petit hôtel près de la salle de répétition, à Santa Monica). Il y avait aussi tout le gratin hollywoodien, des tas de vedettes, Paul Newman en tête, en tout à peu près un millier de spectateurs en smoking et robe du soir, pour assister à ce premier « Circus of the Stars », qui promettait d'être éblouissant.

Dans l'ordre de passage défini, j'étais en troisième position, donc quasiment en « lever de rideau », ce qui n'est guère valorisant, les numéros importants se situant en général en milieu ou seconde partie de spectacle. J'allai voir le fameux producteur avec qui j'avais discuté pour m'en plaindre et lui demander de reculer un peu mon passage. Il refusa net, en me disant d'un air complice et rassurant que ce serait parfait pour moi. *Perfect for me*?! Pourquoi ? Il ajouta, avec un clin d'œil, en confidence :

– Vous verrez...

Le spectacle s'ouvrit sur un très classique numéro de trapèze volant – qui n'avait rien d'exceptionnel, car exécuté par des professionnels, avec un filet.

S'ensuivit le démontage laborieux du filet, puis tout un ballet de techniciens traînant des câbles, déplaçant des caméras, réglant des projecteurs. Le public, croyant à un gag, applaudit même le passage de quelques ouvriers, supposant assister à quelque sketch comique. Mais rien de nouveau ne s'étant passé une bonne demi-heure après, personne ne riait plus. Sans doute y avait-il eu un problème technique à résoudre ?

Deuxième numéro, enfin ! Les gens étaient rassurés, le gala allait reprendre son cours normal. Pas du tout. De nouveau, ballet de techniciens en bleu de travail, caméras déplacées, etc., pour trois quarts d'heure d'arrêt...

Puis ce fut moi ! Moi qui, passant en troisième position, comme prévu, fis mon numéro une heure et demie après le début de ce prétendu gala qui était en fait le très soigneux tournage d'un show télévisé, lequel dura... huit heures ! Je compris après coup que le producteur, qui savait très cyniquement ce qui allait se passer, m'avait garanti, avec cette troisième place, un public encore là au complet pour me faire une *standing ovation* triomphale – public qui s'en alla par grappes, à bout de patience, peu après ma prestation.

Je me souviens de ma si gentille camarade Jane Birkin, qui avait préparé un joli numéro de funambule, et qui attendit six heures avant de pouvoir monter sur son fil, devant quatre ou cinq invités français assez stoïques pour rester à nous encourager jusqu'au bout de cette nuit catastrophique.

Cette entreprise de dupes signa la mort de notre Gala de l'Union pour les trente années qui suivirent – beau succès ! Je ne veux même pas connaître le coût – hollywoodien, sans nul doute – de cette incommensurable bêtise. En tout cas, les bénéficiaires, s'il y en eut, ne furent certainement pas nos aînés dans leurs maisons de retraite…

Néanmoins je les eus bel et bien, mes minutes éblouissantes dans le petit royaume, là-haut. Je les eus à quinze mètres du sol, cette fois, grimpée sur le matériel des trapézistes volants, et, bien sûr, sans le filet qu'on avait démonté. Et lorsque je me lâchai dans le vide au bout du balancement de mon trapèze, pour me rattraper de justesse par les pieds, ce fut carrément au-dessus des spectateurs.

J'ai la vidéo de ce numéro. J'y vois mon entrée sur la piste, impériale et pailletée, auréolée des longues plumes noires du col de ma cape argentée, accompagnée de six *boys* de comédie musicale. J'y vois mes prises de risque insensées, sans sécurité. Mais ces images-là ne sont pas pour moi les plus fascinantes…

Ce qui me fascine, c'est l'expression de mon visage lorsque je redescends de là-haut, en me laissant lentement glisser le long d'une corde lisse, si lentement qu'on la dirait presque filmée au ralenti, cette descente qui n'en finit pas dans sa lenteur, comme si je savourais ces ultimes secondes avant d'atteindre le sol, avant que la parenthèse enchantée ne se referme, avec un visage si totalement détendu et heureux, un indéfinissable sourire aux lèvres.

Plus tard, je revis cette expression extatique, exactement la même, sur le visage d'une trapéziste canadienne qui exécutait un numéro presque semblable à celui que je fis. Je reconnus, alors qu'elle se balançait là-haut, cette absence totale de peur, cette griserie voluptueuse, et, au moment précis où je pensais « elle va trop fort, elle s'oublie... », la jeune femme décrocha de son trapèze et tomba dans le vide. C'était quelques années plus tard, une loi avait rendu les sécurités obligatoires, et la longe au bout de laquelle la jeune femme se balançait, attachée par la taille, la sauva.

Ça n'aurait pas été mon cas si j'avais chuté à Los Angeles. Ç'aurait été la mort, ou la chaise roulante. Alors, en ce qui me concerne, je crois qu'il était tout à fait salvateur – merci les Américains ! – que le Gala de l'Union se termine. Quelle folie encore plus grande aurais-je été capable d'inventer, pour flirter avec la tentation de rejoindre mes chers disparus ?

Je revois de temps en temps la vidéo de ce dernier gala. Je la garde précieusement. C'est un temps fort de ma vie. D'autant plus fort qu'il fut une charnière, une véritable charnière existentielle entre un « avant » et un « après », très nette.

Je viens, avant d'écrire ces lignes, de regarder encore une fois cette descente du trapèze, si extraordinairement symbolique pour moi.

J'attrape la corde, j'enroule ma jambe pour amorcer la descente, mon visage est empreint d'une grande douceur heureuse, je n'ai pas eu peur une seconde, j'ai réussi, j'ai survécu aux risques insensés que j'ai pris – j'ai tout juste trente ans...

Ma deuxième main attrape la corde, je commence à glisser, doucement, savourant l'instant, en parfait contrôle – je ne sais pas que c'est le dernier Gala, la dernière fois que je serai là-haut dans le petit royaume, au-dessus de tout…

Je glisse doucement, une main après l'autre, avec ce sourire voluptueux – dans quelques semaines, je rencontrerai un homme, que je ne connais pas encore, Bernard Giraudeau…

Je glisse encore le long de la corde, je fais durer le plaisir – il m'emmènera bientôt à la campagne, découvrir cette nature qui me fait peur, avec son terrible engrenage de vie et de mort, de pourrissement et de renaissance…

Encore quelques mètres avant le sol de la piste, toujours cet ineffable sourire aux lèvres – Bernard me convaincra de faire des enfants, de renouer avec la chaîne de la vie, ce qui était un risque pour moi beaucoup plus effrayant que de me jeter dans le vide pour me rattraper par les pieds…

Glisser encore un peu, un dernier mètre, lâcher la corde, saluer.

Je viens d'atterrir.

Tout va changer. La somnambule va se réveiller.

Il était grand temps que je descende sur terre.

Moi en «madame Loyale» et mon complice Bernard Le Coq, dans un numéro de magie pour rire, à la reprise des Galas de l'Union, trente ans après qu'ils ont cessé à Los Angeles.

Révélation

Quelque vingt ans après la fin de ce dernier Gala, j'eus un jour une révélation bouleversante à propos du cirque où avaient travaillé mes grands-parents maternels…

Depuis que j'avais atterri sur cette piste, à Los Angeles, après mon dernier numéro de trapèze, et que j'étais revenue d'Amérique, j'avais fait, durant les vingt années suivantes, bien des voyages.

Un grand voyage sentimental, d'abord, à la découverte du couple, abandonnant sans transition ma vie amoureuse extrêmement légère pour une fidélité sans faille.

J'avais entrepris beaucoup de voyages et d'aventures artistiques, aussi, parfois avec mon compagnon et partenaire Bernard.

Et ce grand voyage vers une contrée inconnue, la maternité, avec toutes les incertitudes qui l'accompagnaient. Tous les orphelins précoces doivent, à défaut d'exemple parental, s'inventer une manière d'être père, ou mère. C'est étrange. Pour ma part, l'exemple le plus solide était celui de ma tante, avec cette manière qu'elle avait eue de me mettre « toutes les cartes en main » pour développer mes dons et trouver ma voie. Avec aussi cette façon, un peu distante, de ne m'aider en aucune manière, de laisser faire, d'observer d'un œil attentif, bienveillant mais éventuellement critique : « Je te mets toutes les cartes en main, mais c'est À TOI de jouer. Et sache que tu peux réussir, ou gâcher le jeu, c'est ton entière responsabilité. » Pour la moralité, la maxime « Ne fais pas aux autres ce que tu ne voudrais pas que l'on te fasse » est excellente dans sa simplicité, et vaut pour tout ce qui importe dans la vie, qu'elle soit professionnelle, amoureuse ou amicale. On n'a besoin de rien d'autre pour se bien conduire.

J'avais fait aussi de nombreux voyages vers la Creuse, où Bernard et moi avions entrepris, dans cette contrée sauvage et préservée, de créer une « maison de famille », nous qui n'en avions pas – un rêve de maison et de jardin où nos enfants pourraient s'ébattre dans les fleurs durant toutes les belles saisons, courir dans l'herbe, où nous les regarderions grandir en même temps que les arbres que nous plantions ensemble.

Quant au voyage en littérature, mon fil rouge intérieur m'avait enfin conduite à écrire MON LIVRE, *Le Voile noir,* puis les deux suivants de cette « trilogie du deuil », qui ont grandement changé ma vie, avec l'aide de mes lecteurs.

Tout cela était accompli. J'avais bien grandi.

La funambule-somnambule était réveillée et n'avait pas chuté dans le lac noir, elle avait bel et bien les pieds sur terre.

Un jour, Michel Drucker m'invita à participer à l'une de ses fameuses émissions du dimanche après-midi, celle-là consacrée à la famille Bouglione. Le tournage se ferait en direct, sur la piste du Cirque d'Hiver. Tant de somptueux Galas de l'Union s'étant déroulés sur cette même piste – avant la catastrophe américaine – qu'il était impossible d'être dans ce lieu sans les évoquer. Nous étions donc là, moi et quelques autres artistes qui avions « marqué » ce Gala, pour en parler.

L'invitée d'honneur était bien sûr Rosa Bouglione, mère de cette véritable dynastie du cirque – une femme magnifique qui va, à l'heure où j'écris ces lignes, sur ses cent sept ans ! – entourée ce jour-là de trois de ses fils.

Ce fut mon tour, au cours de l'émission et en leur compagnie, d'évoquer les Galas auxquels je participai, mon amour de ce lieu, du trapèze, du cirque en général. Je dis :

– Je ne sais pas pourquoi j'aime autant le cirque… C'est peut-être parce que mes grands-parents travaillaient dans un cirque qui a été détruit, à Elbeuf, en Normandie.

C'est alors que le fils aîné de Rosa, Émilien Bouglione, se pencha vers moi, et, en pleine émission, corrigea mon propos :

– Ah, mais non ! Le cirque d'Elbeuf n'est pas détruit. Il est abandonné.

Je crois même qu'il me précisa qu'il s'agissait du dernier « cirque-théâtre » existant en France.

Je restai sans voix, ahurie. Je me souviens vaguement que Nicole Croisille chanta, que Michel Serrault fit le clown. Moi, je digérais la nouvelle…

Ainsi donc ce fameux cirque dont j'avais tant entendu parler dans ma prime enfance, si important pour ma famille maternelle, quitté avant ma naissance et que j'avais cru bombardé pendant la guerre, était toujours debout, abandonné depuis cinquante ans ?

Je rentrai chez moi après l'émission, troublée.

Moi dont tous les lieux d'enfance avaient été rasés, qui ne pouvais revenir nulle part, dans aucune maison où les miens avaient vécu, voilà que surgissait du passé un bâtiment où ils avaient travaillé, ma grand-mère comme caissière, mon grand-père comme projectionniste – car ce cirque-théâtre faisait aussi fonction de cinéma –, un lieu où ma mère, son jeune frère – mon oncle – avaient traîné, enfants, puis adolescents… Qu'en faire, de cette nouvelle ?

Je n'eus pas à me poser la question bien longtemps.

Dès le lendemain, je crois, je reçus un coup de fil venant de la mairie d'Elbeuf – ou du conseil général, je ne sais plus – et une voix de femme m'expliqua qu'ils avaient regardé l'émission, m'avaient entendue, et que, justement maintenant, l'on cherchait à reconstituer l'histoire de ce cirque-théâtre en vue d'une possible réhabilitation. Dans quelques jours se tiendrait une grande réunion officielle pour débattre de l'avenir de ce site, abandonné depuis trop d'années. Puisque mes grands-parents faisaient partie de cette histoire, est-ce que je voulais venir ?

Comment résister ?

Il fallait prendre son courage à deux mains, sa voiture, et faire le chemin vers ce lieu originel.

Construit à la fin du XIXe siècle, le cirque-théâtre d'Elbeuf fut inauguré en 1892, par un dresseur d'éléphants. S'ensuivirent principalement des spectacles de cirques divers, de prestidigitation, des opéras, sans exclure les combats de catch ou de boxe. La société Pathé Frères y adjoint régulièrement le cinéma en 1907. Le cirque accueillera aussi des réunions politiques, parfois houleuses, en 1936. Même les Folies Bergère passeront par là !

Il cessera son activité circassienne pendant la dernière guerre.

La ville d'Elbeuf ayant racheté le bâtiment en 1957, ce ne fut qu'en 2004 qu'une réhabilitation fut engagée.

Réouvert en 2007, devenu un « Pôle national du cirque », il propose depuis lors une programmation régulière d'un jeune cirque novateur et inventif.

Vaisseau fantôme

Quand arriva le jour prévu pour ce « voyage à rebours » vers Elbeuf, un très cher ami, doux et discret, se proposa d'être l'ange accompagnateur qui m'y conduirait. Il n'est pas prudent, pour une destination si sensible, de prendre soi-même le volant. Il avait raison. Depuis que j'avais appris que le cirque évoqué si souvent dans mon enfance existait toujours, que je pourrais le visiter à l'occasion de cette réunion d'officiels – réunion qui signifiait surtout pour moi que le cirque serait ouvert et accessible ce jour-là –, j'étais troublée, distraite.

S'engager, de Paris, sur l'autoroute de l'Ouest. Direction, déjà, qui n'était pas anodine pour moi, puisqu'elle conduisait d'abord à Rouen, que j'avais quitté depuis longtemps et où j'étais rarement revenue – retours qui avaient pris à chaque fois des allures de catastrophe émotionnelle pour moi. Tout en roulant, conduite par mon ami, je pouvais librement folâtrer dans mes pensées, et, apercevant de temps à autre les bords de Seine que l'autoroute longeait, je me remémorai ma dernière visite dans ma ville natale.

C'était, je crois, après la sortie du *Voile noir*. On m'avait conviée à venir en parler à l'inauguration de la Fnac. « Il y a un forum superbe pour les rencontres », m'avait-on précisé. Après le travail sur ce livre, sur mon enfance et la mort de mes parents, j'avais tous les courages, je croyais avoir beaucoup grandi. J'acceptai donc, surmontant mes réticences.

Le splendide « forum », je l'admirai quelques secondes… Car, l'entrée de la Fnac se trouvant en plein centre commercial, on avait jugé plus opportun de monter une petite estrade à l'extérieur, devant la porte, avec micro et émission de radio en direct. Au beau milieu des magasins environnants, un samedi après-midi, on m'interviewait sur le livre, le drame de mon enfance, avec en bruyant fond sonore les annonces de promotions diverses (je me souviens qu'une des boutiques voisines voulait avec insistance fourguer ses tapis de bain avec 30 % de réduction), devant des gens qui venaient là faire leurs courses, jetant un coup d'œil ahuri au passage, des gamines qui achetaient des jeans en solde et me regardaient comme une bête de foire.

Un petit public était pourtant venu m'écouter, massé au pied de l'estrade, et les organisateurs avaient eu la bonne idée, pendant les « coupures pub » de l'émission de radio, de laisser monter quelques personnes vers moi, pour me faire signer mon livre, tant bien que mal, sur mes genoux. Une des premières qui se présenta, une femme, sauta littéralement sur l'estrade, me tendit son exemplaire avec un grand sourire, et, par-dessus le brouhaha ambiant, me hurla en plein visage :

– Ah ! J'suis contente de vous voir. J'habite depuis vingt ans la maison où sont morts vos parents !!

Et l'émission reprit, il fallut continuer de parler, faire bonne figure. Contrôlant les battements de mon cœur, l'écœurement face à cette situation vulgaire et humiliante, je me promettais de fuir au plus vite et de ne jamais remettre les pieds à Rouen !

C'était certes dans le malaise dû à cette stupide organisation – je n'ai pas tout à fait tenu parole, et je n'ai rien contre cette belle ville. Mais je me remémorais comme immanquablement j'y croise des tas de gens qui me collent sous le nez des photos d'eux-mêmes en compagnie de mon père, ou de ma mère, à l'école ou ailleurs, pressés de me raconter les souvenirs qu'ils gardent d'eux, à moi qui n'en ai pas – à moi qui n'en veux pas, de ces souvenirs qui ne m'appartiennent pas, et qui fuis, qui fuis, comme je peux… Donc j'étais assez contente, ce jour-là, roulant vers Elbeuf, de passer au large de Rouen !

Les bords de Seine, encore, de loin en loin, ceux que mon père aimait tant photographier, surtout dans les brumes de l'aube. Des photos d'une grande mélancolie, pour un homme réputé si gai. A-t-il connu Elbeuf ? Je ne sais pas. Je ne sais rien. Il a sans doute rencontré ma mère après que la famille avait quitté le cirque et émigré à Rouen. Quand exactement ? Mystère. La seule chose que je sais, pour l'avoir entendue raconter, c'est que, mon grand-père maternel étant projectionniste et mon père photographe, une grande complicité les a unis, autour de l'image, du travail de la pellicule. Ils ont construit ensemble, m'a-t-on dit, le premier agrandisseur de mon père. Ils faisaient des films. Ces intérêts et ces travaux communs leur permettaient sans doute d'être un peu à l'écart de l'omnipotence femelle qui régnait dans la maison…

On m'avait dit : « Lorsque vous aurez quitté l'autoroute et que vous longerez la Seine pour arriver à Elbeuf, après un grand pont ferroviaire, vous verrez un immense champ de foire, tout contre le fleuve, et, au fond, le cirque-théâtre. Quelqu'un vous attendra devant l'entrée. »

Nous approchions, par une petite départementale, longeant la Seine de plus en plus près. Nous avons vu l'immense terrain vide, au milieu duquel, perdu incongrûment, s'élevait un petit chapiteau. C'est tout de même lui, de hauteur aussi modeste qu'il ait été, qui nous a caché de prime abord le bâtiment au fond du champ de foire. Nous en avons fait le tour, par la rue qui le bordait, et tout à coup, devant nous, le cirque-théâtre était là, énorme, avec son entrée spectaculaire. Je l'ai

L'ancienne caisse du cirque-théâtre, derrière laquelle ma grand mère tremblait
les jours d'affluence...

contemplé, médusée, avant d'oser sortir de la voiture. Je ne m'attendais pas à un monument aussi stupéfiant. Même le magnifique Cirque d'Hiver Bouglione n'avait pas une entrée aussi majestueuse.

Cette découverte était un choc, car, comme j'avais toujours cru ce cirque détruit, écrasé sous les bombardements, je n'avais jamais eu la tentation de faire des recherches – par exemple sur Internet, où existaient déjà, j'en suis sûre, des tas de photos de ce cirque d'Elbeuf au temps de sa splendeur. Ma surprise était totale.

D'abord, discrètement, j'en fis le tour, estomaquée par les dimensions du bâtiment et des dépendances attenantes, qui avaient dû être d'énormes écuries. À l'arrière des murs d'enceinte du cirque lui-même, reconnaissables à l'arrondi de leur structure, il y avait un petit escalier extérieur en fer, avec un palier, qui donnait sur une porte à mi-hauteur. Je déduirai, après ma visite, que mon grand-père avait dû gravir ces marches pendant des années pour atteindre la cabine de projection des films, inaccessible de l'intérieur. Sans doute avait-elle été rajoutée après coup, lors de l'apparition du cinématographe, au début du siècle.

J'étais plantée là, tout à ma stupéfaction, tentant d'imaginer le public affluant vers cette incroyable et vaste entrée, aux temps florissants de cette ville avant guerre, lorsque la voix d'une jeune femme me héla :

– Ah, vous êtes venue, c'est formidable. Voulez-vous me suivre ? Les officiels sont réunis là-bas, sous ce petit chapiteau, pour le cocktail.

Je répondis que, bien sûr, je viendrais les rejoindre, mais que je souhaitais visiter l'intérieur du cirque avant. Non, merci, je n'avais pas besoin de guide, je voulais le découvrir, m'y promener librement…

La première chose que je vis dans l'entrée fut la caisse. Ma grand-mère racontait, je m'en souviens tout à coup, que, certains jours de grande affluence, il y avait tellement de monde se pressant contre cette caisse que celle-ci craquait. Elle avait parfois peur qu'elle ne s'arrache du sol et ne l'écrase contre le mur !

Je m'engageai dans les couloirs circulaires, étonnée que la peinture des murs ait conservé des couleurs vives, malgré la décrépitude. J'y errai quelque temps, d'un côté, puis de l'autre, de part et d'autre du hall d'entrée, retardant le moment d'aller vers l'intérieur, de découvrir le cœur du cirque : la piste.

Cette fois, parcourant les couloirs, c'est à ma mère que je pensais, me remémorant ce que sa sœur m'avait raconté quand j'avais repris contact avec elle, après l'écriture du *VOILE NOIR*. Évoquant leurs années de jeunesse, alors qu'elles vivaient encore à Elbeuf et qu'ils « avaient » le Cirque, elle m'avait dit :

– Ta mère adorait cet endroit, elle y était sans arrêt fourrée, à faire l'ouvreuse, à l'occasion, ou un remplacement d'assistante pour un magicien… Elle exécutait même parfois un petit numéro de danse à l'entracte ! Quand elle pouvait faire quelque chose là, elle était folle de joie.

J'imaginais ma mère adolescente, puis jeune fille, sémillante, l'œil brillant, arpentant les couloirs, à l'affût de « quelque chose à faire » dans cet endroit magique.

Puis je me décidai à entrer dans le cirque lui-même, par un des « crachoirs » de côté. J'eus le souffle coupé. Malgré les gravats qui jonchaient le sol, une partie des gradins écroulés, des rideaux rouges déchirés qui pendaient, l'espace, énorme, et le chapiteau d'un seul tenant, sans poteaux de soutien, de style Eiffel, étaient d'une extraordinaire harmonie. Un grand manteau de scène, qui devait encadrer une estrade lorsqu'on donnait là des représentations théâtrales, était en piteux état, plâtre écaillé, troué, dorures éteintes, mais on devinait sa splendeur passée.

Le cirque-théâtre à l'abandon, tel que je le découvris.

L'ensemble évoquait un vaisseau fantôme, avec ses cordages inutiles, ses voiles déchirées, un vaisseau fantôme misérable et magnifique…

J'étais restée sur le côté, je n'avais pas encore foulé la piste, embrassant du regard l'espace qui pouvait à l'époque, m'avait-on dit, accueillir presque trois mille personnes – pour écouter Jaurès, notamment, qui avait tenu meeting là. Mes grands-parents avaient-ils vu cela ?

Sur cette piste, justement, il y avait trois jeunes gens, avec une caméra légère. Une équipe locale de FR3 Région faisait un reportage sur le cirque-théâtre à l'occasion de cette possible réhabilitation. Ils se précipitèrent vers moi et j'acceptai de dire quelques mots. Je racontai brièvement le pourquoi de ma venue, mes grands-parents, mon retour vers ce lieu qui avait grandement compté pour eux… J'essayais de contrôler ma voix, mais je notai moi-même le tremblement d'exaltation qui m'habitait, que je tempérais de mon mieux.

Ils m'invitèrent, eux aussi, à les suivre pour rejoindre le petit chapiteau, où l'on trinquait déjà pour fêter la décision de faire renaître le cirque-théâtre. Je déclinai, encore une fois – plus tard, plus tard…

Je restais à présent seule au bord de la piste. Le si discret et doux ami qui m'avait conduite jusque-là flânait encore dans les couloirs, me laissant à mes « retrouvailles avec le passé » – un passé déjà mort avant ma naissance…

Regardant le fond de l'immense salle, je vis les petites fenêtres de la cabine de projection, à mi-hauteur du mur, au-dessus des premiers gradins. C'est à ce moment que je compris l'utilité de l'escalier extérieur, puisqu'il ne semblait pas y avoir d'accès autre.

Puis je fis ce que j'avais fait il y a bien longtemps, à mon adolescence, vers mes douze ou treize ans, lorsque j'étais entrée dans le cirque Rancy désert, un après-midi. Je m'avançai jusqu'au milieu de la piste, au cœur de l'édifice, et je levai la tête pour admirer la construction de la coupole, dans la lueur blafarde qui entrait par les ouvertures, tout là-haut.

C'est là que, subitement, je reçus le choc d'une petite phrase. Je parle de choc, car elle «tomba en moi», cette phrase, si brusquement qu'il me sembla en percevoir physiquement le poids. Ces mots ne s'affichèrent pas à l'arrière de mon crâne, comme quand je recevais certains avertissements, je perçus cette phrase-là à l'intérieur de moi comme une fulgurance, l'explosion d'une évidence, le poids d'une révélation pris en plein plexus, comme une implosion au centre de mon être.

«*JE SUIS LE RÊVE DE MA MÈRE.*»

Une véritable commotion me fit immédiatement trembler. Je tenais à peine debout, et je me mis à sangloter. «*Je suis le rêve de ma mère…*» L'onde de choc me parcourait tout entière, j'étais incapable de contrôler cette violente émotion. Et en même temps que ce bouleversement, j'avais l'impression de lucidement percevoir tout le cheminement de ma vie, un résumé instantané de mon parcours. À la lumière de cette petite phrase, comme un révélateur photographique met en ombres et en lumières distinctes, lisibles, un négatif abstrait, m'apparaissait une logique, une explication de ce qui m'avait posé question depuis toujours – la bifurcation qui m'avait fait quitter les beaux-arts sur la suggestion de ce «messager» orientateur, la façon dont j'avais été immédiatement embarquée, quasiment sans le vouloir, dans la comédie, les rencontres qui ont magnifiquement consacré ma place dans ce métier, ma fascination pour le cirque, le cabaret. Et surtout se clarifiait cette impression d'avoir été menée, dirigée là où il fallait que j'aille, sans que jamais cela naisse d'une ambition personnelle ou d'une projection de moi-même dans l'avenir. Tout prenait sens à la lumière de cette petite phrase bouleversante, que je me répétais après l'avoir reçue, sans pouvoir m'arrêter de pleurer.

« Je suis le rêve de ma mère… »

Mon ami, ne me voyant pas ressortir dans les couloirs, finit par me rejoindre, inquiet. Il constata l'ampleur du bouleversement, m'écouta. Quel commentaire pouvait-il faire, que dire, face à une affirmation aussi intime que celle qui m'avait pénétrée ? Quel argument, quel démenti apporter face à une révélation aussi nette et mystérieuse ? Même s'il semble irrationnel que le rêve d'une morte ait pu mener ma vie.

Mais je n'en étais pas encore à réfléchir à cela. Pour l'heure, il fallait dompter mon émotion, me calmer, aller vers le petit chapiteau, là-bas, vers le cocktail, et parler à tous ces gens que je ne connaissais pas…

Je réussis à me maîtriser suffisamment pour saluer le maire, et beaucoup des gens qui avaient participé à la décision de sauver le cirque-théâtre. Mais il y avait là une petite estrade, un micro, et l'on me demanda de dire quelques mots, la raison de ma présence…

Mon self-control n'y résista pas. Ce fut une serpillière dégoulinante qui s'exprima. J'étais noyée de larmes en parlant de mes grands-parents, du fait que j'avais toujours cru ce cirque détruit… Je voyais l'assistance, coupe de champagne en main, assister à cette débandade avec stupéfaction. Qu'importe. J'étais incapable de tricher, de paraître sereine, encore sous le choc de la petite phrase qui m'habitait – si secrète et intime que je ne la confiai à personne d'autre que mon doux ami.

En redescendant de l'estrade, je fus accueillie par un homme assez âgé, qui me prit les mains, très ému lui aussi. Il me dit :

– En vous regardant, en vous écoutant, je suis heureux de m'être battu pendant plus de vingt-cinq ans pour qu'on ne détruise pas ce cirque ! Ce que vous avez raconté justifie à lui seul ce rude combat.

En l'entendant, je pensais : « Tiens, encore un ange, un messager… »

– Voulez-vous être la marraine de cette renaissance ?

J'acceptai, bien sûr.

Oui, je reviendrais voir les travaux, quand ils seraient lancés…

Oui, je viendrais à l'inauguration…

Puis prendre congé, retraverser le champ de foire, reprendre la voiture, dépasser Rouen, revenir vers ma vie parisienne, mon métier, mes enfants.

Après tant d'émotion, le retour me fut curieusement doux.

Je songeais à ma mère.

Ma mère, cette inconnue…

Renaissance et baptême

Après cette journée mémorable de la découverte du cirque, j'allai de temps en temps à Elbeuf, suivre la progression des gigantesques travaux de réhabilitation du lieu. Les bâtiments arrière, les écuries, furent transformés en salles de répétition, loges, lieu de séjour pour des troupes « en résidence » afin de mener à bien une création de spectacle. Le manteau d'Arlequin, de quelque dix-sept mètres de haut sur environ seize de large, fut déposé au sol pour être restauré entièrement. Les fondations mêmes des poteaux de soutien furent renforcées, pour assujettir plus solidement le bâtiment dans un sol de bord de Seine sableux et sujet à d'éventuelles inondations.

Puis vint enfin le jour de l'inauguration, avec diverses manifestations sur le champ de foire, et un premier spectacle dans le cirque lui-même, plein de drôlerie et de beauté. Je découvrais, à l'occasion de cette renaissance, des artistes magnifiques – l'extraordinaire jongleur-danseur Jérôme Thomas, le circassien-inventeur Johan Le Guillem, et bien d'autres talents d'un cirque novateur et original.

Un grand connaisseur des arts du cirque, Roger Leroux, mit en place une magnifique programmation, tandis qu'étaient invités sur le champ de foire le Cirque tzigane, le Cirque Plume, le chapiteau des acrobates aériens de la compagnie des Arts Sauts, entre autres.

D'impressionnants travaux redonnent vie au cirque-théâtre.
Photo prise lors d'une de mes visites.

L'activité théâtrale n'étant pas prioritaire dans un cahier des charges essentiellement consacré aux arts du cirque, Roger Leroux invita tout de même la marraine que j'étais à venir jouer là *Oscar et la dame rose* au cours de la tournée qui m'emmenait partout en France, me permettant ainsi d'inaugurer la scène, montée pour l'occasion et auréolée du manteau d'Arlequin tout neuf.

Le cirque, pour son emploi théâtral, n'accueillait pas moins de quelque mille personnes, et l'on m'apprit que non seulement la salle serait comble pour cette représentation, mais que l'on avait refusé du monde.

Je me rendis compte, au cours des répétitions et réglages lumière de l'après-midi, que l'acoustique du lieu était exceptionnelle – même sans reprise sonore par un micro, on m'entendait des gradins les plus hauts sans que j'aie besoin de forcer la voix.

Une répétition technique, pour un comédien, est une manière d'apprivoiser un lieu, d'évacuer l'appréhension, de physiquement s'habituer à un espace nouveau. C'était précieux, particulièrement ce jour-là, car j'avais craint d'être submergée par l'émotion.

Or, dès mon arrivée, j'éprouvai un grand sentiment de paix, une joie calme et profonde d'être là. Pourtant je pensais à mes grands-parents, à ma mère qui avait paraît-il tant adoré ce lieu, mais la cabine de projection avait disparu, ainsi que la vieille caisse en bois où ma grand-mère vendait les billets à l'entrée, et il m'était difficile d'imaginer ma mère parcourant, l'œil brillant, à l'affût de « quelque chose à faire au cirque », ces couloirs tout neufs. Rien de tel que le béton encore frais pour faire taire les fantômes…

Le texte d'Emmanuel Schmitt, qui parle de vie, mais surtout d'une mort apprivoisée, prit ce soir-là une résonance particulière. Le doux ami qui m'avait accompagnée lors de ma découverte de l'endroit quelques années auparavant vint filmer le spectacle, dont je garde ainsi une trace.

La représentation s'était magnifiquement passée, et j'avais demandé que l'on me prépare en coulisse, pour le salut final, une coupe de champagne, que je déversai çà et là sur le plateau. Je baptisai ainsi, comme on le fait pour les navires, ce cirque-théâtre ressuscité. Le « vaisseau fantôme » repartait pour de nouveaux horizons artistiques, bien vivant !

Maintenant, je crois que je ne peux ajourner davantage le moment de parler de toi, mon inconnue...

Ma mère, cette inconnue

J'ai toujours trouvé très ennuyeux, dans les livres où certains tentent de clarifier leur passé, souvent douloureux, ces précisions de dates, lieux de naissance, recherches de filiation, toute cette abondance de détails personnels qui n'intéressent que l'auteur lui-même.

J'espérais vous épargner cela…

Pourtant, je m'en excuse, je ne vais pas déroger à cette règle, qui m'apparaît à présent comme un passage obligé. Si je veux tenter de m'approcher de mon inconnue, il me faut bien remonter dans son histoire. Oh, je n'irai pas bien loin, je sais si peu de chose. J'avance à tâtons, dans une ignorance totale. Mais quand on ne garde aucun souvenir, aucune mémoire physique des êtres qui vous ont mise au monde, élevée quelques années avant de mourir, il est indispensable de s'accrocher aux éléments tangibles qu'on peut glaner. Un acte de naissance, l'histoire d'un lieu, c'est peu pour tenter de décrypter l'histoire d'une mère. Mais puisque j'ai commencé, avec ce livre-ci, à me livrer si intimement, je me dois de révéler ces rares éléments précis, je ne peux y échapper – et vous non plus, du même coup, si vous m'avez lue jusque-là !

Tout d'abord, on pourrait s'étonner que je ne me pose pas autant de questions à propos de mon père, pourtant tout aussi perdu dans ma mémoire. Mais il m'a laissé ses photos, qui en disent beaucoup. J'ai fait un tel travail, en les contemplant des heures, en tentant de les «lire» pendant les quatre années durant lesquelles j'ai écrit *Le Voile noir*, que j'ai presque l'impression d'avoir fait ce livre AVEC mon père. Son personnage, cet homme réputé si gai aux photos sombres, me semble moins mystérieux que celui de ma mère.

D'ailleurs, je dois l'avouer, tous les hommes – que ce soient ceux de ma famille paternelle ou du côté de ma mère – me paraissent infiniment plus clairs et «simples» que les femmes. Ils travaillaient, voire s'adonnaient à une passion, se tenant un peu à l'écart de la maisonnée, qui dans son atelier au fond d'un jardin, qui dans un labo photo au grenier, intelligents, silencieux, observateurs indulgents de la puissance organisatrice des femmes. Je viens, incontestablement, de deux «familles femelles» où les hommes étaient des accompagnateurs bienveillants – pour ceux que j'ai connus – qui se laissaient volontiers régenter par celles qui se chargeaient de créer la «pâte de la vie».

Du côté de mon père, je l'ai dit, il y eut ces veuvages répétés, qui obligèrent la mère de mon père, puis ma tante, à déployer une force de survie. C'est moins net du côté de la famille de ma mère, mais, incontestablement, le pouvoir était du côté de ma grand-mère maternelle, que je surnommais «la Lionne», et un lien très puissant, très mystérieux aussi, se tissait de femme à femme, de mère à fille.

D'où venait-elle, cette grand-mère maternelle, avait-elle toujours vécu dans la région d'Elbeuf? Ce n'est pas certain. En compulsant quelques documents sur l'histoire de cette ville, à l'activité drapière si florissante au début du XXe siècle, je lus que nombre de familles alsaciennes, résistant à l'occupation allemande après la première guerre franco-allemande, avaient fui et s'étaient réfugiées à Elbeuf, qui vit sa population s'augmenter de cette immigration, principalement intégrée dans l'industrie textile. Or, ma grand-mère était née Mauger. Les amis les plus intimes, que je vois sur beaucoup de photos – y compris au mariage de mes parents – s'appelaient Hauser. Mauger et Hauser sont deux patronymes typiquement alsaciens. Cela laisserait supposer qu'ils s'étaient installés dans la région à cette époque, et aussi que ma grand-mère y apprit le métier de couturière, qui restera son activité principale.

C'est sans doute à Elbeuf que ma grand-mère rencontra un certain Raymond Lefebvre, qu'elle épousa. Lui ne travaillait pas dans le textile. Mais, employé par la célèbre maison Pathé Frères, il devint le projectionniste du cirque-théâtre – entraînant peut-être ma grand-mère à tenir la caisse à l'occasion, le soir ou les dimanches, en complément de son métier de couturière. En tout cas, leur premier enfant, ma mère, naquit à Elbeuf, en 1924. Ils en partirent pour s'installer à Rouen, probablement en 1942, à la fermeture du cirque-théâtre d'Elbeuf – ma mère avait dix-neuf ans.

Arrivés d'Elbeuf à Rouen, c'est sans doute mon grand-père, technicien de la pellicule, qui dirigea ma mère, libre jeune fille, vers ce métier de photographe à Rouen. C'est là qu'elle rencontra mon père, qui travaillait chez le même photographe, et qu'une liaison sentimentale se noua entre eux.

Ma tante m'a raconté qu'un jour mon jeune et charmant futur père, passionné de recherches sur la lumière photographique, demanda à ma mère de poser nue pour lui, afin d'étudier l'éclairage d'un corps. Il ne se contenta pas d'étudier l'éclairage, et c'est ainsi, paraît-il, que je fus conçue, pour l'amour de l'art et l'amour tout court…

Je n'emplirai pas plus avant ces pages de détails généalogiques, car voilà tout ce dont je dispose – et encore ne sont-ce, principalement, que des suppositions ! Sauf en ce qui concerne la date et le lieu de

Ma mère jeune fille, encore à Elbeuf, s'entraînant à l'antipodisme avec mon jeune oncle.
Et posant à la plage debout sur les mains réunies de mon père et d'un ami
– technique circassienne nommée «bankine», qui permet de lancer en l'air
puis de réceptionner une voltigeuse exécutant, par exemple, un saut périlleux.
On ne la connaît que si on l'a vue pratiquée au cirque...

naissance de ma mère et de mon père, notés précisément sur mon acte de naissance personnel, et que je lis attentivement aujourd'hui pour la première fois :

> Père : Lucien Legras, photographe, né à Maromme [environs de Rouen] le 11 septembre 1924, photographe.
>
> Mère : Ginette Lefebvre, née le 7 novembre 1924 à Elbeuf, photographe.

M'être finalement décidée à noter ces renseignements précis dans ce livre n'est pas inutile, puisque cela m'a forcée à lire ce qui est stipulé précisément dans mon acte de naissance, ce que je n'avais JAMAIS fait ! Si j'avais eu la curiosité de le faire auparavant, je me serais aperçue que quelques-unes des choses que je croyais savoir sont fausses.

Mes parents n'avaient pas vingt ans lorsque je suis née, contrairement à ce qu'on m'a toujours dit, mais vingt-trois ans.

Mes parents sont morts un dimanche 6 novembre, la veille de l'anniversaire de ma mère : 7 novembre. C'est donc probablement pour aller fêter cet anniversaire lors d'un grand déjeuner familial que nous nous préparions, ce matin fatidique…

Découvrir, plus de soixante ans après, que ma mère est morte juste avant son anniversaire, quelques heures avant d'atteindre ses trente-deux ans, et l'avoir ignoré jusque-là, m'écrase d'émotion.

Et, mettant cruellement en valeur cette découverte tardive, comme un miroir de vie opposé à une image de mort, je prends conscience que ma propre fille – ta petite-fille, maman – ma fille si belle et si magnifiquement vivante, atteint ses trente-deux ans au moment où je finis ce livre…

Miroir

Cette photo de ma mère fut réalisée six mois après ma naissance, pour présenter le menu du déjeuner inaugural du premier salon normand de la photographie – probablement la première exposition professionnelle de mon père, en compagnie d'autres photographes qui avaient formé un collectif nommé « Groupe des sept ».

Je ne suis pas certaine que ce soit mon père lui-même qui ait fait ce cliché, car je n'en ai retrouvé aucune trace dans ses négatifs, tous admirablement classés et conservés.

Qui eut l'idée de la costumer ainsi ? Probablement elle-même. J'y vois le souvenir vivace des années de jeunesse passées aux alentours du cirque d'Elbeuf. J'y vois aussi la survivance d'un fantasme – ultime et masqué – datant de ces années-là. J'étais née alors, la rêveuse était devenue maman et femme au foyer à plein temps, mais elle se faisait plaisir pour une séance photo…

Sans avoir revu cette image, et n'y songeant pas du tout, je trouvai dans une loge de théâtre de province, lors de la tournée d'*Oscar et la dame rose*, fin 2007, un stock de costumes de music-hall entreposés là, sans doute par une revue de passage. J'eus l'idée d'en revêtir un pour faire une amusante «photo-carte de vœux» pour le nouvel an 2008, afin de faire sourire mes amis. Ce n'est qu'en fouillant mes

MENU
POTAGE JULIENNE
TURBOT DIEPPOISE
PAUPIETTES CHAMPIGNONS
TROU NORMAND
GIGOT D'AGNEAU ROTI
FLAGEOLETS MAITRE D'HOTEL
SALADE
FROMAGE
DIPLOMATE AU KIRSCH
FRUITS
CAFÉ - LIQUEURS
VINS
ANJOU - BORDEAUX
9 FEVRIER 1948
S.N.P.C.N.
A.S.P.P.N.

archives personnelles pour les besoins de ce livre que je la retrouvai et fus soudain frappée par son côté « miroir » par rapport à la photo de ma mère.

Depuis *Le Voile noir*, ma sœur Patricia, qui était photographe et avait collaboré aux tirages noir et blanc des photographies de mon père pour le livre, était devenue la gardienne de tous ses négatifs. Après sa malheureuse disparition, tous ces documents étaient restés entreposés chez son compagnon, sans que je songe jusque-là à les récupérer.

Lorsqu'il me les rendit, dernièrement, il m'apporta une dizaine de boîtes contenant tous les négatifs et divers documents et tirages anciens, que j'empilai dans mon salon. Allais-je retrouver cette photo de ma mère à laquelle j'avais tant songé en écrivant ce livre, et dont il ne subsistait, je m'en souvenais vaguement, qu'un seul exemplaire qui avait dû faire office d'invitation pour ce fameux déjeuner du premier salon de la photographie normand ?

Je négligeai la première boîte, écartai la deuxième, et, tout à fait au hasard, ouvris la troisième. Coup au cœur : la photo était là, bien en évidence, juste sous le couvercle.

Je ne vois pas seulement dans cette coïncidence l'œuvre du hasard. J'y vois surtout un joli clin d'œil de ma sœur – un clin d'œil posthume, de cet au-delà où elle a rejoint notre mère…

Maman,

À la fin du *Voile Noir,* je te consacre un chapitre que j'appelai «Première et dernière lettre à ma mère». Je note, dans cette sèche affirmation qu'elle serait la dernière, un reste de colère, d'animosité sourde contre toi. Je te parlais enfin, mais pour mieux te raccrocher au nez. Je reproduis ici une partie de cette lettre :

«Je te demande pardon.

Je t'ai ignorée. Je ne te connaissais pas, et pour un peu je t'aurais reniée, car je ne me trouvais aucune ressemblance avec toi.

Pardon. Je sais ton histoire, maintenant.

Un pas m'a suffi pour cela. Un seul pas vers le passé et ceux de ta famille que je n'avais pas revus depuis trente ans. Au fond de moi, sans doute je la savais – on sait tout, on comprend tout, à neuf ans – mais je n'en voulais pas, je l'ai rejetée derrière mon voile noir.

Ton histoire, ta petite histoire qui s'est si mal terminée est pareille à celle de tant de femmes. Qu'il est court, n'est-ce pas, le temps de tous les chemins ouverts devant soi, de la force à revendre et des rêves plein la tête, à vingt ans, avant que l'amour, la nature et le poids de la famille ne vous dictent un rôle écrit d'avance…

La rêveuse : ma mère, photographiée par mon père,
sans doute peu de temps après leur mariage.

Et le joyeux amant rencontré au travail, sur le même terrain, avec qui l'on marchait du même libre pas, continue son chemin, léger, tandis qu'un enfant, déjà, t'alourdit et t'entrave. Lui s'épanouit, va de l'avant, tandis que le clan te tire en arrière.

Ça va bien, un temps, quelques années encore. On a quitté le travail, on reste à la maison, on ne suit plus. On se referme sur ses rêves trahis, on grossit un peu, on s'enlise dans le tricot… Et lui, avec son art, sa liberté et sa force, il commence à avoir du succès. Il va.

Et voilà qu'un deuxième enfant arrive et tout se précipite. Il faut quitter la Lionne, ma grand-mère, qui savait si bien, peut-être trop bien, s'attacher ses filles, et partir de la chaude tanière trop exiguë avec le poids de deux enfants, la vie domestique à assumer toute seule, dans une maison qu'il avait choisie, lui, et que tu n'aimais pas…

Tu n'aimais pas cette maison trop neuve, trop vide.

Et dans cette maison, tu sombrais…

Et voilà pulvérisée l'image fausse cultivée depuis mes neuf ans d'une mère épanouie, forte et gaie. Un mirage de mère.

On ne m'a rien appris.

On m'a simplement confirmé ce que j'avais commencé à deviner, ou plutôt ce que j'acceptais enfin de voir, en regardant tes yeux sur les photos de mon père. Tes yeux pareils aux miens, quand je ne les cache pas. Je pouvais toujours te chercher ailleurs qu'en moi-même…

Après t'avoir enfin reconnue, pourrais-je enfin t'aimer telle que tu étais ?

Mais puisqu'il a fallu savoir et que maintenant je sais que tu n'arrivais pas à être heureuse, petite fille, toi aussi, qui n'avais pas su grandir, que tu étais derrière ton sourire tremblante et douloureuse, incertaine, silencieuse, dépressive comme on dit maintenant, atteinte de cette mortelle mélancolie qui largue les amarres malgré tout, malgré les enfants, malgré le compagnon, maintenant que je sais tout cela je ne peux m'empêcher de penser que c'est peut-être toi qui négligeas le danger, dans cette maison où tu t'ennuyais, selon tes propres paroles, « à mourir »…

Je ne peux m'empêcher de deviner, de savoir – et je le sus sans doute toujours au fond de moi, c'est pourquoi je t'ai fuie – que tu as laissé ouverte la brèche à l'accident, au soulagement, au dénouement, et que c'est toi, frileuse comme toutes les mélancoliques, qui insistas pour fermer la fenêtre de la salle de bains ce matin-là.

C'est trop tard, je le sais.

Lui n'avait jamais froid. En témoignent toutes ces photos d'aubes glacées dans lesquelles il s'ébrouait avec plaisir.

Et je ne peux plus ignorer, sachant tout cela, que t'étant traînée vers la porte de la salle de bains, cette porte qui pouvait laisser entrer l'air et la vie – la vie qui allait reprendre, si lourde pour toi – tu préféras, par lassitude, ne pas faire l'effort pour l'ouvrir, laisser retomber ta main, et dormir, dormir…

Je ne peux pas ne pas le savoir puisque tu étais si collée à cette porte que j'ai dû pousser de toutes mes forces, faire glisser ta jambe sur le carrelage pour l'ouvrir enfin.

C'était un accident. Bien sûr c'était un accident.

Mais tout était en place, dans ta tête et dans cette maison, tout s'ordonnait pour que l'accident arrive… »

Relisant pour la première fois cette « lettre » que j'écrivis il y a si longtemps, je ne renie pas mes propos. Surtout en ce qui concerne le poids de la société, de l'époque qui, dans notre milieu assez libre mais simple, obligeait d'évidence la femme qui avait un enfant à rester chez elle pour s'occuper de lui et « tenir son ménage ». Pas de crèche, pas de nounou, surtout dans ce misérable quartier Martainville où notre clan était installé. Et si le clan des femmes était puissant et solidaire, il était aussi occupé à travailler, chacune de son côté, et le soin d'un bébé revenait naturellement à la mère.

Je pense sincèrement qu'il ne faut pas chercher plus loin la raison de cette différence incroyable entre ton regard « d'avant », si hardi, et ces yeux voilés, empreints de résignation, cette nostalgie tue que je vois sur ton visage « d'après », si précocement vieilli en quelques années.

Que tes rêves, avant mon arrivée, ont dû être forts ! Comme la déception d'avoir à abandonner une vie professionnelle, une réalisation personnelle, a dû être violente pour te marquer ainsi !

Découvrant sur mon acte de naissance que tu ne m'as eue qu'à vingt-trois ans, au lieu de vingt comme on me l'avait dit, je suis heureuse, maman, que tu aies pu profiter de ta jeunesse et de ta liberté un peu plus longtemps que ne je le croyais jusque-là.

Peu après avoir écrit ces pages sur toi, le livre n'étant pas encore sorti en librairie, tu m'es apparue une nuit…

Je n'arrive toujours pas à me convaincre qu'il s'agissait d'un rêve, tant cette vision de toi était nette, précise jusqu'au grain de la peau. Moi qui n'avais aucun souvenir de toi, de ton visage, je t'ai intimement reconnue. J'arrivais dans cette funeste salle de bains, et je te voyais telle que je t'avais trouvée ce matin-là, assise contre la porte que j'avais eu tant de mal à ouvrir, inanimée, le menton sur la poitrine. Je ne voyais pas ton visage, masqué par tes cheveux. Curieusement, en me penchant vers toi – car j'avais ma taille d'adulte –, j'écrivais un mot sur ton dos : « Paralysée »… Et brusquement, tu m'offrais ton visage, ton visage que je reconnus dans sa RÉALITÉ, tourné vers moi avec une expression déchirante de supplication, d'amour et de détresse. Cette apparition était si réelle, un tel choc, que je pleurai ensuite trois jours d'affilée sans pouvoir m'arrêter, hantée par ton expression suppliante.

Qu'est-ce que tu voulais que je comprenne, maman, en m'offrant ce visage et ce regard d'indicible souffrance, cette nuit-là ?

Bien des mois après cette apparition, lorsque le livre fut sorti, je reçus, entre autres lettres bouleversantes de lecteurs, qui me libérèrent de la sourde culpabilité qui pesait sur moi, celle d'une femme qui avait réchappé de justesse à une intoxication au monoxyde de carbone. Elle m'affirmait qu'en même temps qu'une PARALYSIE écrasante des membres, une perte de force et une incapacité à communiquer, elle avait gardé une lucidité intacte jusqu'à ce qu'on la sauve. Bien qu'elle ne puisse plus ni bouger ni parler, elle avait parfaitement compris ce qui lui arrivait, et entendu clairement tout ce qui se passait plus loin dans la maison, et même au-dehors, jusqu'à ce qu'on la découvre. Et cette femme m'affirmait, après m'avoir lue : « Votre mère, lorsqu'elle a compris ce qui arrivait, et que vous risquiez de mourir avec eux si vous entriez dans cette salle de bains, a utilisé ses dernières forces, par amour, pour s'appuyer de tout son poids contre la porte, et tenter de vous maintenir ainsi du côté de la vie… »

Est-ce cela que tu voulais que je comprenne, maman ? Est-ce cela que tu me disais avec ton regard suppliant, la nuit où tu m'apparus ? Que tu m'avais sauvée ?

Je l'avais compris, je crois, avant même de recevoir cette lettre, car j'avais transposé ton geste en un terrible rêve que je fis.

Ce rêve me mettait en scène, moi, nue comme tu l'étais lorsque je te vis pour la dernière fois, et je tenais ma propre fille contre moi. Nous devions entrer dans une chambre à gaz, en compagnie d'autres condamnés. J'étais désespérée d'avoir à mourir, mais en même temps résignée – puisqu'il le fallait. Mais je serrais étroitement ma fille (qui avait dans mon rêve l'âge que j'avais le matin de ta mort) contre mon corps, je sentais sa douceur, sa chaleur, sa tendre confiance. Je pensais : « Au moins je ne suis pas seule, j'ai ma fille… » Une fois entrée avec elle dans la chambre mortelle, où le gaz était en train de se diffuser, je voyais la porte se fermer lentement, inéluctablement… Alors, au dernier moment, je jetais par l'ouverture mon enfant au-dehors, vers la vie, DE L'AUTRE CÔTÉ DE LA PORTE.

Avec ce rêve, je reconnaissais ton geste d'amour, je le revivais. Et, j'en suis persuadée, je conjurais symboliquement aussi, même en accomplissant ce geste en rêve, le danger d'un rapport trop fusionnel avec ma propre fille…

À ce propos, en repensant à cette maison de faubourg où nous vivions tous ensemble d'une manière tribale (avant le déménagement dans la funeste petite maison neuve qui vous tua presque immédiatement), grands-parents, jeune oncle, tante, toi et mon père avec moi plus treize chats et un grand nombre de poules, il m'apparaît curieux que le jeune couple que vous formiez avec mon père n'ait pas trouvé le moyen de me faire dormir ailleurs que collée à votre lit matrimonial.

La chambre que nous occupions, en soupente, était toute petite – j'ai des photos, sous différents angles – et ne devait pas excéder les quinze ou seize mètres carrés. Alors que mon jeune oncle, lui, disposait d'un grand espace dans le grenier adjacent. Ma tante célibataire occupait seule la plus grande pièce de la maison, si vaste qu'elle servait de salon d'essayage dans la journée à ma grand-mère couturière. Sans compter la chambre de mes grands-parents, que ma présence la nuit n'aurait pas gênés. Pourquoi n'a-t-on pas trouvé le moyen de m'installer un coin pour dormir quelque part dans cette maison, au lieu de me garder à un mètre de votre lit ? Cette présence de l'enfant, quasiment à portée de main, ne devait pas être idéale pour l'intimité d'un jeune couple ! Qui insista pour me garder près de vous, toutes les nuits, jusqu'à presque neuf ans ?

Je ne t'accuse de rien, maman, mais je vois là d'évidence une manifestation d'amour maternel plutôt possessif. Car je ne peux m'empêcher de penser que mon père, pour faire l'amour librement avec toi, m'aurait volontiers, à certaines heures, flanquée à la porte de cette chambre exiguë ! Il acceptait déjà, depuis des années, de vivre en intimité étroite avec ses beaux-parents…

Mais on t'avait privée, avec le poids de la maternité, de ton métier, de la liberté d'épanouissement social, de tes rêves de jeune femme, on n'allait pas, en plus, mettre ta fille à dormir loin de toi – de quoi allait-on te priver, encore !

Toi, collée à ta propre mère tout le jour, et moi collée à toi la nuit… Et toujours ces histoires de portes – être d'un côté, ou de l'autre, ensemble collées, ou séparées par une porte.

Ce n'est pas un reproche, je ne suis pas traumatisée, je m'interroge, j'essaie de comprendre, de TE comprendre, ma Secrète. L'important est que nous sachions, toi dans la réalité et moi en rêve, mettre nos filles de l'autre côté de la porte fermée, au moment où celle-ci par malheur risque d'être fatale.

En tout cas, je peux t'assurer une chose : j'ai trouvé avec certains hommes créateurs des rapports qui pouvaient s'apparenter au paternel, des « pères de théâtre », notamment, et m'avouer une sorte de sentiment filial envers eux ne me gênait aucunement. Mais jamais, JAMAIS, de toute ma vie, je n'eus avec une femme une relation qui aurait pu ressembler, de près ou de loin, à la compensation d'un manque maternel. Aucune amie plus âgée n'a été un succédané de mère pour moi. Elles furent des complices, des aînées précieuses, comme l'est mon amie peintre Nina, par exemple, mais tu es restée l'unique, maman – et sans doute plus qu'unique, SACRÉE.

Ainsi, vois-tu, je continue à te parler, comme je le fis sans doute au fond de moi depuis toujours, sauvée et aimée par toi unique, investie par toi, et pourtant voulant l'ignorer, obstinément...

On m'a soufflé, aussi, après l'écriture du *Voile Noir,* que l'âme, l'esprit des disparus, et particulièrement d'une mère, restait longtemps intranquille, lorsqu'une mort trop précoce l'avait obligée à abandonner son enfant, et qu'elle s'attachait alors à le suivre, à le protéger.

Je suis trop pragmatique, trop réfractaire à une quelconque croyance mystique, pour adhérer à cette forme d'affirmation. Mais nous savons tout de même, sans être adepte du spiritisme, que la puissance de l'esprit est un grand mystère... On sait en tout cas, et de nombreuses études et observations l'ont démontré, que des événements anciens survenus dans une famille, des traumatismes, des abandons, des histoires tues et ignorées des descendants, «passent» d'une manière transgénérationnelle, et que ces informations, transmises intimement de mystérieuse manière, peuvent influencer des vies entières.

Mais que sait-on de la force d'un rêve irréalisé ? De la puissance de l'esprit d'une mère pour que ces rêves se concrétisent, par-delà la mort, en son enfant ?

Si cette évidence m'a traversée comme une puissante déflagration un jour, que tes rêves avaient mené une partie de ma vie, maman, il me semble logique, en tout cas, que ce soit moi qui aie été chargée de les réaliser, puisque c'est moi, par ma naissance, qui t'obligea à les abandonner.

«Je suis le rêve de ma mère»...

Cette phrase, cette révélation fut si forte, si bouleversante qu'elle doit contenir une part de vérité. Mais qui pourrait l'affirmer ?

On peut résister à un parent vivant qui veut influencer son enfant, diriger son parcours de vie, le pousser dans une voie qu'il n'aurait pas d'évidence choisie – j'ai vu autour de moi nombre de révoltes contre l'influence d'un père ou d'une mère, et entendu des enfants affirmer, revendiquer, parfois tardivement, leur libre arbitre.

Mais que peut-on contre le pouvoir d'une absente ? Comment lutter contre la puissance d'un rêve qu'on ignore ? Comment nos morts vivent-ils en nous ? Peuvent-ils investir obscurément nos projets, nos réalisations, sans même que l'on s'en rende compte ?

Est-ce toi, maman, qui inspira à ce messager-orientateur cette idée de me diriger vers la comédie, juste avant que nous quittions son bureau ?

Est-ce toi qui, usant de l'ancienne complicité avec ma tante de ton vivant, l'incitas à m'encourager dans cette voie ?

Est-ce toi qui suscitas ces hasards, ces rencontres, ces évidences qui me tinrent si souvent lieu de volonté ?

Sache en tout cas que je n'ai pas de révolte. Si ce que j'ai ressenti, au milieu de ce cirque où tu as si fort rêvé enfant, puis jeune fille, contient une vérité, si mon parcours est né de ton rêve et que tu m'aies amenée à le réaliser pour toi, je suis d'accord.

Je veux bien que cela ait été.

Certes, je n'ai pas été peintre, mais j'ai eu une bien jolie vie artistique, et je t'en remercie. Il était chouette, ton rêve !

Mais toi, d'où tu es et me vois peut-être, es-tu contente de moi, maman ?

Table

CRÉDITS PHOTOGRAPHIQUES

Malgré nos efforts, les détenteurs des droits de certaines œuvres n'ont pu être retrouvés. S'ils se manifestaient, nous ne manquerions pas de les mentionner lors d'une réimpression de l'ouvrage.

p. 14, 53, 57, 62, 110, 115, 148, 155, 156, 160, 184, 192, 193 et 196 – Archives familiales et personnelles d'Anny Duperey, D.R.

p. 31 – Carte postale ancienne, D.R.

Photo de couverture et p. 33, 72, 75 et 200 – © Lucien Legras.

p. 48 – © Paris Normandie, 1973.

p. 80 – © William et Dominique Cordier, 1964.

p. 87 – Anny Duperey, jeune comédienne Rouennaise qui débute à Paris. 28 janvier 1965. © INA, 1965.

p. 90 et 98 – © Omnia Press, D.R.

p. 101 – © Giancarlo Botti, 1974.

p. 107 – Répétition d'*Isabella Morra* d'André Pieyre de Mandiargues, mise en scène par Jean-Louis Barrault au Théâtre d'Orsay, 1974. © Agence de presse Bernand, D.R.

p. 108 – Représentation de *Jarry sur la Butte* à l'Élysée Montmartre, création de Jean-Louis Barrault d'après les œuvres complètes d'Alfred Jarry, 1970. © Agence de presse Bernand, D.R.

p. 118 – *Le Pont de Giverny* (60 × 70 cm, huile sur toile, non daté) de Robert Savary, coll. particulière d'Anny Duperey. © Adagp, Paris, 2017.

p. 123 – *L'Ange* (15 × 20 cm, pastel, gouache et crayon sur une carte, non daté) de Robert Savary, coll. particulière d'Anny Duperey. © Adagp, Paris, 2017.

p. 140 – Soirée au Centre national de création Orléans-Loiret (CADO), 2008. © François Pugnet.

p. 157 – © Emmanuel Pagnoud, *Le Parisien*, mai 1975.

p. 166 – Anny Duperey et Bernard Le Coq, au 49e Gala de l'Union des artistes au Cirque d'hiver Bouglione mis en scène par Christophe Barratier, le 29 mars 2010, D.R.

p. 171 – Carte postale ancienne, © Coll. Archives – Ville d'Elbeuf.

p. 176 – « Le hall et l'ancienne billetterie ». © Hélène Cadiou / Cirque-théâtre d'Elbeuf, 2004.

p. 179 – « La démolition, mars 2004 ». © Hélène Cadiou / Cirque-théâtre d'Elbeuf, 2004.

p. 197 – © Camilla Barnes.

DU MÊME AUTEUR

L'Admiroir
Seuil, 1976
et « Points », n° P438

Le Nez de Mazarin
Seuil, 1986
et « Points », n° P86

Le Voile noir
Seuil, 1992
et « Points », n° P146

Je vous écris…
Seuil, 1993
et « Points », n° P147

Le Voile noir, suivi de *Je vous écris…*
« Points », n° P4697

Lucien Legras, photographe inconnu
(présentation de Patricia Legras
et d'Anny Duperey)
Seuil, 1993

Les Chats de hasard
Seuil, 1999
et « Points », n° P853

Allons voir plus loin, veux-tu ?
Seuil, 2002
et « Points », n° P1136

Les Chats mots
textes choisis
Ramsay, 2003, 2005
et « Points », n° P1264

Essences et Parfums
textes choisis
Ramsay, 2004
et « Points », n° P1671

Une soirée
Seuil, 2005
« Points », n° P1424

De la vie dans son art, de l'art dans sa vie
(avec Nina Vidrovitch)
Seuil, 2008
et « Points », n° P2249

Chats
Michel Lafon, 2008

Le Poil et la Plume
Seuil, 2011
et « Points », n° P2928

Le Fabuleux Destin de l'œuf et de la poule
Michel Lafon, 2012

Conception graphique et réalisation : Cursives, Paris

Photogravure : Red and Colors, Turin
Impression : Pollina, Luçon
Dépôt légal : novembre 2017. N° 137150 (82171)
Imprimé en France